教養としての戦後〈平和論〉

山本昭宏
YAMAMOTO, Akihiro

イースト・プレス

教養としての戦後〈平和論〉

はじめに

あいまいな日本の「平和」

現代の日本社会で「平和」という言葉を見聞きするとき、どこか気恥ずかしさを感じることはないだろうか。政治家による公式な声明や教育の場や自治体のポスターで「平和」という言葉を見聞きすることはあっても、ほとんど自分の言葉として「平和」を使うことはない、そういう人が多いのではないだろうか。誰も「平和」を否定しないが、口にするとなんとなく空虚な感じが残る。「平和」は、そういう言葉になっているのではないか。

では、そもそも、「平和」とは、どういう意味なのだろう。『日本国語大辞典　第二版』から「平和」の意味を確認してみよう。

①おだやかに、やわらぐこと。静かでのどかであること。また、そのさま。
②特に、戦争がなく、世の中が安穏であること。和平。

なるほど、確かにこの説明は、現代日本における「平和」のイメージをよく表している。「戦争がなく」という説明は、「反戦平和」という言葉があるように、戦後日本が戦争と平和とを対立・矛盾するものとして捉えてきたことを表している。たとえば、自らを「平和主義者」と公言することは可能でも、自分は「戦争主義者」だと言う人はほとんどいないだろう。『日本国語大辞典』の定義に戻ると、「特に、戦争がなく」とあるが、それが誰にとっての「戦争」なのかは明示されていない。「世の中が安穏である」という説明にも、同様の問題が指摘できる。「世の中」の範囲はどこまでか、「安穏」とは何か、という問題は、「平和」という言葉を使う者にゆだねられている。そして、それらは①にあるように、「おだやかに、やわらぐ」という非暴力のイメージに包まれている。その意味で、「平和」の対義語は「戦争」だけではなく、「暴力」と捉えることもできる。

このように、「平和」という言葉があいまいなものである以上、「戦後日本は『平和』だったのか?」という問いに対する答えもあいまいなものにならざるを得ない。憲法で交戦権を放棄した戦後日本は、当然ながら、主権国家として戦争を遂行したことはなかった。この事実のみを強調するならば、戦後を振り返って、やはり戦後日本は「平和」だったと言うことも不可能ではないだろう。しかし、戦後日本が、朝鮮戦争、ベトナム戦争、イラク戦争などの戦争と深い関わりを持ったことを否定するのは難しい。さらに、「平和」の意味を広くとるならば、沖縄にアメリカの軍事基地を集中させ、原発災害を収束させることができていない現状でも原発を手放さず、苛酷な労働を「自己責任」の名で放置している現状を「平和」と呼ぶことには、ためらいが残る。

つまり、「平和」というあいまいな言葉は、この言葉を使用する人びとが自らの思想信条や願望を投影させてしまうため、何が「平和」なのかという問いについて、皆が一致する答えは簡単には得られないのである。そうした多様な見解を綜合するべきなのだが、「平和」という言葉が持つ「おだやか」なイメージが、対立する見解を霧消させてしまう。「なんとなく良い言葉」であるだけに、ブラックホールのようにあらゆる論点を吸収し、結果的に議論を停止させてしまうのだ。だからこそ、戦後日本は一貫して「平和」という言葉で自らを規定することができた。

保守と革新

本書では、戦後日本で「平和」という言葉が持った意味を多角的に検証していくが、特に注目するのは、誰がどのように「平和」を語り、それが時代とともにいかに変化したのか、という点である。論壇での議論に重点を置くが、文学やポピュラー文化にも視野を広げた。こうした検証作業の際には、必ずと言っていいほど保守と革新という言葉が使用される。本書もまた、これらの言葉を頻繁に使用するため、ここでそれぞれの言葉の標準的な意味を整理しておきたい。

保守とは、過去からの連続性を重視して現在を捉える態度である。そのため、変化を拒むわけではないが、より漸進的な変化を好み、その過程では妥協を厭《いと》わない。その意味では、経験を重視して現実を理解しようとする思想だと言える。

これに対して、革新は、理想とされる未来に向かって現在を変革しようとする態度だと整理できる。そのため、より急進的な変化を求めがちであり、妥協を拒む傾向がある。経験の蓄積に重きを置く保守に対して、経験よりも理性を信頼し、理性が導き出した目標や計画に照らし合わせて、現実を理解する思想である。

こうした保守と革新という現実理解の二類型は、ブレーキとアクセルのようなものであり、優劣があるわけではないし、この二類型が世界を二分しているわけでもない。また、一人の人間のなかにも、保守と革新の二類型はあるだろう。しかし、保守と革新という対立軸が、いわゆる五五年体制以降の戦後日本において、政治と言論の世界を規定していたこともまた事実である。詳しくは第一章以降で述べるため、ここでは深入りしないが、「平和」との関連で一例を挙げておこう。

敗戦後の日本は占領軍によって武装解除され、新憲法の制定によって戦争放棄が「現実」になった。しかし、冷戦構造の固定化に伴う占領政策の変化により、アメリカは日本に再軍備を求め、日本もそれに応じることになる。この時期には、まだ「革新」という言葉の使用法は定着していなかった。そもそも、戦中に戦時統制を強めた官僚たちが「革新官僚」と呼ばれていたが、そうした負の記憶から、敗戦直後には「革新」という言葉は忌避される傾向にあったのである。また、一九五〇年に結成された保守政党である国民民主党は、自由党との差異化のために「革新派」と自称していた。他方で、（後に「革新」と名乗ることになる）左派政党は「進歩派」と呼び習わされていた。つまり、この時期には、保守と革新という対立軸は形成されていない。

この対立軸が定着するのは、左右社会党の統一と保守合同が行われた一九五五年以降だと考えるべきだろう。以後、政治と言論の世界で「平和」をめぐる議論が行われる際には、保守派は伝統的国家観（交戦権は国家主権の一部であるというような主張）に基づいて、国際社会の「現実」と日米の軍事協力という「現実」を論じ、「平和」を「安全保障」の問題として語るようになる。また、そうした理解から「憲法を変えよう」という「革新」的論陣を張ることがあった。他方で、革新派は憲法の理念に照らし合わせて再軍備を否定し、民主主義と人権をもたらした憲法を「守ろう」という、それ自体は「保守」的な主張を展開していく。民主主義と人権は、実はアメリカが掲げる理念とも親和的であり、その意味では保守派よりも革新派のほうが親米的であってもおかしくはないが、実際は革新派は日米の軍事的結びつきを拒否し、アメリカを「帝国主義」と批判することになるのである。

こうした議論を辿る上で、本書が念頭に置くのは「理念としての憲法」「戦争の記憶」「生活保守主義」の三点である。なぜ戦後日本の「平和」を考える上でこの三点が重要なのか、自明のことかもしれないが、これについても若干の説明を加えておこう。

理念としての憲法

政治学者の猪木正道（一九一四～二〇一二）は、一九六二年に憲法について次のように述べている。

わが国のようにキリスト教やイスラム教のような狭義の宗教になじみのうすい国民の場合、党派、利害および信条の対立を越えて国民をしばる規範としては、憲法のほか何一つないのだから、現存社会秩序の保守をたてまえとする保守主義者にとって、憲法ほど大切なものはないはずである[1]

猪木自身は、当時自衛隊は合憲だと考えており、一九九〇年代になると、自衛隊の存在を明記するよう改憲すべきだと述べるようになるのだが、そうした猪木の思想遍歴はここでは措いて、猪木が「国民をしばる規範」と述べていることに注目したい。

そもそも、憲法はその国の原理を示すものであるため、規範的な理念としての側面が強い。特に日本の場合は、敗戦後に生まれ変わった日本を象徴するものであり、その意味でも理念として受け止められやすかった。さらに、戦後日本が憲法を一度も改正しなかったという歴史も、理念としての憲法という要素を強めることになった。憲法と現実との齟齬《そご》を、憲法を変えることで解消するのではなく、憲法の解釈を変えることによって埋め合わせてきた。憲法に一度も手が加わらなかったのは、国民が「この憲法で良い」と選び続けてきた結果だが、それにより、憲法は規範的な理念としての側面をいっそう強く持つようになったと言えるだろう。

憲法前文は次のように述べている。

日本国民は、恒久の平和を念願し、人間相互の関係を支配する崇高な理想を深く自覚するのであって、平和を愛する諸国民の公正と信義に信頼して、われらの安全と生存を保持しようと決意した。われらは、平和を維持し、専制と隷従、圧迫と偏狭を地上から永遠に除去しようと努めている国際社会において、名誉ある地位を占めたいと思う。われらは、全世界の国民が、ひとしく恐怖と欠乏から免かれ、平和のうちに生存する権利を有することを確認する。

さらに、第九条は次のように記している。よく知られているが、確認のために挙げておこう。

一、日本国民は、正義と秩序を基調とする国際平和を誠実に希求し、国権の発動たる戦争と、武力による威嚇又は武力の行使は、国際紛争を解決する手段としては、永久にこれを放棄する。

二、前項の目的を達するため、陸海空軍その他の戦力は、これを保持しない。国の交戦権は、これを認めない。

「平和」に直接関わる憲法前文と第九条は、前述のように規範的理念として戦後日本を支えてきた。したがって、当然のことながら、「平和」をめぐる議論の多くは憲法の前文と第九条に照らし合わせるという手続きをとることになった。こうした態度を、戦後の日本社会は一貫して続けてきたのである。

戦争の記憶

新憲法が制定され、またそれが日本国民に受け入れられた最大の要因は、言うまでもなくアジア・太平洋戦争の敗戦だった。敗戦後の日本社会を担った人びとは何らかのかたちで戦争を経験していた。戦友を失った復員兵や親族を戦争で失った遺族も多かった。アジア・太平洋戦争に対する痛切な反省と、戦争が残した深い傷跡は、「平和」への熱望につながっていった（かつて「大日本帝国」の勢力範囲だった沖縄を含む各地域に残った傷跡は、敗戦から占領という過程のなかで、ほとんど意識の外に置かれた）。それゆえ、ある時期までは「平和」を求める運動や思想の最も重要な参照点が、アジア・太平洋戦争の記憶だった。「平和」を支える強力な基盤として、戦争の記憶は人びとの間で共有されていた。

戦争の記憶から、人びとは戦争を厭い、戦争に反対した。憲法の理念に反するあらゆる軍事化に抵抗する心情も、戦争の記憶から生まれたと言える。ただし、戦争を悔恨する心情のなかには、「大日本帝国がしたことは悪いことばかりではなかった」という気持ちや反米意識も存在した。特にナショナリズムと結びついた反米意識は、戦後社会のなかで繰り返し噴出することになった。アメリカの軍事力は、憲法の理念にとっても、日本の独立にこだわる心情にとっても、受け入れられないものだったからだ。

しかし、記憶は時の流れとともに色あせ、変形する。戦争の記憶も例外ではない。かつて、戦争体験に基づいた世代区分があった。おおまかには、戦前に精神形成期を迎え「大人」として戦争を経験した「戦前派」、戦中に精神形成期を迎えた一九一五年から二五年生まれの「戦中派」、そして一九二五年以降に生まれて戦後に精神形成期を迎えた「戦後派」、戦後に生まれた「戦無派」などの世代区分がそれにあたる。世代が下るにつれて、戦争の記憶が共有されなくなるのはある意味では当然だが、一九九〇年代までは、「戦中派」世代の存在感は依然として大きく、戦争体験に立脚した「平和」論が提示されることも珍しくなかった。実体験に基づく「平和」の語りは、有無を言わせぬ説得力があり、それゆえに反発を生むこともあったが、戦後日本においては「平和」を求める心情の源泉であり続けた。しかし、そうした直接体験者が、あるいは直接体験者と顔を合わせて議論できた世代が高齢化し始めると、当然ながら戦争体験と「平和」との結びつきも弱まることになった。

しかしながら、戦争の記憶は色あせても、「戦争=国家間の総力戦」という戦争観は強固に残存し続けている。二〇〇〇年代以降に「対テロ戦争」と言われる内紛状態が世界で恒常化してもなお、日本社会の戦争観はアジア・太平洋戦争的な「総力戦」に規定されている部分がある。しかし、こうした戦争観が残っていても、それに対する「平和」観は大きく揺らいでいるというのが現状ではないか。この点については、第四章で検討することになるだろう。

「生活保守主義」

戦後日本の「平和」の変容を辿る上で念頭に置きたい最後の点は、「生活保守主義」である。本書では、「生活保守主義」という言葉を、否定的には使っていない。しばしば指摘されるように、「進歩的文化人」が覇権を握った戦後日本の言説空間において、保守という言葉は時に蔑称として機能した。[2] これに対して、本書が使用する「生活保守主義」は、おそらく誰もが持つであろう、自分の生活を平穏無事なものとして守り保ちたいという心情を指す。その意味で、現状維持的ではあるが、「保守と革新」というときの「保守」とは異なり、必ずしも特定の政治的信条と強い結びつきを持っているわけではない。

戦争の記憶に基づく「平和」の志向性の一部には、「二度とあんな経験はしたくない」という思いが入り込んでいたが、「二度とあんな経験はしたくない」というその思いは「生活保守主義」と分かちがたく結びついている。戦争の危機が言われる際に表面化する厭戦《えんせん》感情（戦争は嫌だ）にも防衛感情（戦争を起こさせないように軍備を持とう）にも、「生活保守主義」が流れ込んでいると理解できるだろう。革新派と保守派がそれぞれに展開した「平和」をめぐる議論は、こうした心情を刺激し、時に動員することによって影響力を持ったのである。

もちろん、戦後日本の平和運動の高まりが、すべて「生活保守主義」に起因するわけではないが、それを全く無視するのは難しい。社会のなかに戦争の記憶が根強く残っていた時代には、「生活保守主義」は平和運動と結びつくことができた。しかし、国際的な緊張が高まると、人びとが「自衛」を求めるという傾向もまた、「生活保守主義」の一つの表れであり、こうした傾向は一九五〇年前後にすでに見出すことができる。

しかし、月日が経つにつれて、戦争の記憶は色あせていく。そして、高度経済成長を経た日本社会は、繁栄のなかの「平和」を守りたいという意識が強くなった。そうなると、繁栄と「平和」をもたらした戦後体制を肯定的に捉える保守的な「平和」論が存在感を増し始める。さらに、「ソ連脅威論」「中国脅威論」「北朝鮮脅威論」が人びとを刺激し、米軍と自衛隊による「安全保障」を是認する下地ができていくのである。

以上、「理念としての憲法」「戦争の記憶」「生活保守主義」の三点を念頭に置きつつ、戦後日本の「平和」の内実に迫ってみたい。

本書の構成

さて、本論に入る前に、ここで全体の見取り図を描いておこう。

第一章では、敗戦から一九六〇年までを扱う。

敗戦を境に「大日本帝国」は崩壊し、帝国の「臣民」は、「平和国家日本」の「国民」へと再編成された。戦争の記憶が生々しかった占領下の日本には、生活を脅かす戦争への強い拒否感があり、それが憲法九条の支持にもつながった。生活を守ることと、戦争を警戒することとが、人びとの意識のなかでほぼ直接つながっていたと言えるだろう。しかし、冷戦構造が固定化して日本が再軍備に踏み切り、さらに講和をめぐる議論が活性化するなかで、改憲論が登場するようになる。日本の真の独立のためには軍備が必要であるという意見と、憲法の理念に基づく非武装と中立を唱える意見とが、対立するのである。また、講和条約に伴う日米安全保障条約の存在が、「平和」の議論を込み入ったものにした。主権回復後の日本社会において、「平和」は日本の独立をめぐる議論と不可分であり、日米安全保障条約とそれに伴う米軍の駐留への評価をめぐって激しく意見が対立したのである。

第二章では、一九六〇年から七〇年代初頭までを扱う。

この時期には、「平和」をめぐる議論に新たな風が吹いていた。「現実主義」と呼ばれた政治学者たちが、「力の均衡」を重視する考えから日米安保体制を是認し、その文脈で「平和」という言葉を使い始めていた。それに対応するかのように、自民党政権も「平和」を前面に出していく。そして、国民もそれをある程度は受け入れていった。アジア・太平洋戦争のような「総力戦」や「軍国主義」を回避することに主眼が置かれた日本の「平和」意識は、ベトナム戦争時において、自分たちを当事者として意識することができず、高度経済成長下の繁栄のなかで、保守化していったと考えることができる。五〇年代に「平和」という言葉が「反体制化」したのだとすれば、この時期は「平和」の語が「体制化」する端緒だったのだ。そうした状況で、従来の平和運動への違和感や戦後日本の「平和」を疑う鋭い意見が、若い世代から提起されるようになった。

第三章では、一九七〇年代初頭から、八〇年代の終わりまでを扱う。

戦争の記憶が薄れ、日本が経済的豊かさを達成したこの時期には、その経済的な豊かさを維持することが優先された。憲法九条と自衛隊と日米安全保障条約とが併存する状況下で達成された豊かさを守ることは、その状況を守る（あるいは否定しない）ことを意味した。つまり、憲法九条と日米安保の組み合わせによる「平和」が、広く定着したのである。そこには、保守政権による一種のイメージ戦略も作用していた。そうした状況では、「平和」という言葉がいよいよ体制内の言葉となると同時に、社会に弛緩《しかん》をもたらす「元凶」として拒絶の対象にもなった。こうして、誰もが「平和」を享受しながら、「平和」はなんとなく口に出すのが恥ずかしい言葉になっていった。

最後の第四章は一九八〇年代の終わりから現在までを扱う。

湾岸戦争時に自衛隊の海外派遣をめぐる議論のなかから、戦後日本の「一国平和主義」への批判が高まっていった。その後、保革の対立状況は崩れ、総保守化する政治状況のなかで、「平和」の保守化は前提となり、一部の論者たちは「平和」を唾棄《だき》するようになった。同時に、かつては機能していた労働組合や平和団体などの中間団体は機能不全に陥り、個人と社会とをつなぐパイプは痩せ細った。さらに、インターネットの普及に伴い言論の場の再編成が始まった。生活を守ることは個人の「自己責任」となり、人びとが政治問題で「つながる」基盤も、弱体化した。こうした状況で、それまでかろうじて保たれてきた「平和」の像が、共有されにくくなったというのが現状である。

本書では、こうした四章構成で、戦後日本の「平和」を振り返る。敗戦から現代までの間に、「平和」という言葉には、どのような希望が託されたのか、どのような失望が投げかけられたのか、なぜ口にするのが恥ずかしい言葉になったのか——。こうした問いを念頭に、本書では、「平和」という言葉が戦後日本社会のなかで持った意味の変遷を辿ることにしたい。[3]

＊引用部は適宜現代仮名遣いに改めた。

1 猪木正道「私の憲法擁護論」『世界』一九六二年六月号、七四頁。

2 戦後日本における「進歩主義知識人」の覇権と「保守知識人」の周縁化は、竹内洋の一連の研究に詳しい。特に、『丸山眞男の時代』（中央公論新社、二〇〇五年）や、『革新幻想の戦後史』（中央公論新社、二〇一一年）など。

3 もとより、一冊の本で戦後日本をカバーするのは困難である。また、先行研究は多いが、政治学とその周辺分野に集中しているように思われる。ここでは、戦後日本における「平和」の様態をある程度通時的に記述した研究のなかから、本書が特に参考にしたものを、学問領域は問わず、新しいものから発行年順に挙げておく。

単著では、和田春樹『「平和国家」の誕生：戦後日本の原点と変容』（岩波書店、二〇一五年）、根津朝彦『戦後『中央公論』と「風流夢譚」事件：「論壇」・編集者の思想史』（日本経済評論社、二〇一三年）、福間良明『「反戦」のメディア史：戦後日本における世論と輿論の拮抗』（世界思想社、二〇〇六年）、道場親信『占領と平和：〈戦後〉という経験』（青土社、二〇〇五年）、小熊英二『〈民主〉と〈愛国〉：戦後日本のナショナリズムと公共性』（新曜社、二〇〇二年）、坂本義和『相対化の時代』（岩波書店、一九九七年）、田中明彦『安全保障：戦後50年の模索』（読売新聞社、一九九七年）、田畑忍編著『近現代日本の平和思想：平和憲法の思想的源流と発展』（ミネルヴァ書房、一九九三年）、石田雄『日本の政治と言葉 下』（東京大学出版会、一九八九年）など。

論文では、酒井哲哉「戦後の思想空間と国際政治論」（酒井哲哉編『日本の外交 第3巻 外交思想』岩波書店、二〇一三年）、山口二郎「戦後平和論の遺産」（『世界』一九九三年一月号）、高橋進・中村研一「戦後日本の平和論：一つの位相の分析」（『世界』一九七八年六月号）。

目次

第二章

「平和」の分離 一九六〇年〜七三年

第三章　「平和」の安寧　一九七三年〜八九年

第四章 「平和」の消失 一九八九年〜

第一章

「平和」と独立

敗戦・占領から六〇年安保まで

敗戦から憲法制定まで

一九四五年八月一四日、日本はポツダム宣言の受諾を決めた。翌一五日には、いわゆる「玉音放送」があり、長い戦争状態は事実上終わった。一九三七年に始まった日中戦争以降の死者は、軍人・軍属が約二三〇万人（うち朝鮮人と台湾人は約五万人）、国内の民間人は約五〇万人、外地の民間人は三〇万人だとされる。もっとも、満州など一部の地域では戦闘が続いていた。また、南洋には戦争終結を知ることができなかった兵士も存在した。こうした事例はあったものの、基本的には、八月一五日を境に「大日本帝国」の占領地域のほとんどは連合国に引き渡されるか、放棄された。

八月三〇日には、連合国軍最高司令官ダグラス・マッカーサー（一八八〇〜一九六四）が厚木基地に到着、九月二日には戦艦ミズーリ号で降伏文書が調印された。日本を占領した連合国は、一〇月二日にＧＨＱ／ＳＣＡＰ（連合国軍最高司令官総司令部。以下ＧＨＱと略記）を設置する。これ以降、ＧＨＱによって日本の民主化と非軍事化が進められた。戦犯たちはただちに逮捕・収監され、戦前・戦中の指導者・戦争協力者たちは公職から追放された。そして、一九四六年五月三日から極東国際軍事裁判（東京裁判）が始まった。ＧＨＱによる改革は始まったばかりだったが、それでも内外に「新生日本」を印象付けるには十分だった。なかでも最も重要な改革は、憲法改正だった。[1]

　日本の民主化と非軍事化を進めていたＧＨＱは、一九四五年一〇月一一日、総理大臣の幣《しで》原《はら》喜重郎（一八七二～一九五一）に対して憲法改正を示唆した。これを受けて、松本烝治《じょうじ》（一八七七～一九五四）を委員長とする憲法問題調査委員会が設けられた。またこの頃から、政治家、政府関係者、民間を問わず、様ざまな立場の人びとが独自に憲法草案を練り始めていった。

　一九四六年二月、憲法問題調査委員会の憲法改正案が『毎日新聞』にスクープされると、改正案が保守的な内容であることに不満を持ったマッカーサーは、自ら新憲法の基本方針を示すことに決めた。マッカーサーは、新憲法は「天皇の地位保全」「戦争放棄」「封建的制度の廃止」を骨子とするべきだという「ノート」を起草し、この「ノート」に基づいてＧＨＱが憲法案を作成した。そして、一九四六年四月に、ＧＨＱ案を下敷きにした「憲法改正草案」が日本政府案として発表されることになる。象徴天皇制、国民主権、戦争放棄、基本的人権の尊重などを描き込んだ新しい憲法の草案だった。

　憲法の改正は、ポツダム宣言を受諾した以上、当然ながら検討されるべき課題であったが、重要なのは、憲法の制定と東京裁判が並行して進んでいたという事実である。[2]当時、多くの国民の関心事は、憲法に書き込まれるであろう「平和」の問題ではなく、昭和天皇（一九〇一～八九）

の処遇だった。連合国は、当然ながら天皇の戦争責任を東京裁判で問うべきだと考えていたが、マッカーサーはその後の占領を円滑に進めるためにも、天皇を象徴としての地位にとどめるべきだと判断したのだった。

ＧＨＱ案に基づく日本政府案は当時の二大保守政党である自由党と進歩党によって基本的には支持された。枢密院で審議した後、文言を修正し、帝国議会に上程された草案は、天皇の位置づけや戦争放棄をめぐって論争を巻き起こすことになる。このときの政府案では、第九条を次のように定めていた。

第九条　国の主権の発動たる戦争と、武力による威嚇又は武力の行使は、他国との間の紛争の解決の手段としては、永久にこれを放棄する。
陸海空軍その他の戦力の保持は、これを保持してはならない。国の交戦権は、これを認めない。

提出された政府案の審議にあたったのは、帝国議会の「帝国憲法改正案委員小委員会」だった。ここでの審議の過程で、政府案はさらに修正を受けることになる。この委員会での修正は、その委員長を務めた芦田均（一八八七〜一九五九）の名をとって「芦田修正」と言われる。では、何がどう変わったのだろうか。変更点に傍線を付して次に引用する。

第九条　日本国民は、正義と秩序を基調とする国際平和を誠実に希求し、国権の発動たる戦争と、武力による威嚇又は武力の行使は、国際紛争を解決する手段としては、永久にこれを放棄する。

前項の目的を達するため、陸海空軍その他の戦力は、これを保持しない。国の交戦権はこれを認めない。

後に、芦田均は「芦田修正」の意図について、平和維持のための自衛力保持を可能にするための修正だったと述べるようになる。しかし、憲法史の研究によれば、芦田の死後に公刊された『芦田均日記』、さらに一九九五年に公開された「帝国憲法改正案委員小委員会」の議事録から、そのような主張を確認することはできないという。それどころか、芦田はこの委員会で「前項の目的を達するため」を第二項冒頭に挿入した意図を、第一項にある「国際平和を希求し」という言葉を二項にも書くべきだが、繰り返しになるので、それを避けるために「前項の目的を達するため」を入れるのだと発言しているとのことである。

芦田の真意はどうであったにせよ、この「芦田修正」が、「九条のもとでも自衛のための軍備は保持できる」という解釈改憲への道を開いたことは間違いない。これによって、日本の再軍備は国際紛争を解決する手段ではなく、純粋に自衛のためのものだという理解が成立してしまい、それを国民が受け入れるようになるのである。

こうした修正を経た上で、憲法改正案は、最終的に一九四六年一〇月七日に衆議院で確定、一一月三日に日本国憲法が公布された（施行は、一九四七年五月三日）。

憲法九条の受容

制憲期において、多くの国民の関心事は九条ではなく天皇の処遇だったと述べたが、政治家たちは、九条をめぐって自衛権が認められるか否かという議論を行っていた。その際には、憲法第九条第二項で交戦権を認めていないため、自衛権も放棄したものと見なされたという理解が一般的だった。幣原喜重郎から政権を受け継いだ吉田茂（一八七八〜一九六七）は、六月二六日の衆議院での議論で次のように述べている。

戦争放棄に関する本案の規定は、直接には自衛権を否定はして居りませぬが、第九条第二項に於て一切の軍備と国の交戦権を認めない結果、自衛権の発動としての戦争も、又交戦権も放棄したものであります、従来近年の戦争は多く自衛権の名に於て戦われたのであります。満州事変然り、大東亜戦争亦然りであります。[3]

このように、過去の事例を引き合いに出して、吉田は自衛権を否定していたのである。しかしながら、憲法草案に対して、議会で反対意見が表明されることもあった。戦後初の衆議院選挙に当選した共産党の野坂参三（一八九二〜一九九三）は、そもそもこの憲法が天皇制を認めている点に強く反対していたが、九条についても「民族の独立」という観点から反対意見を述べた。この憲法では、「我が国の自衛権を抛棄して民族の独立を危うくする危険がある。それ故に我が党は民族独立の為に此の憲法に反対しなければならない」として、自衛権の必要性を主張したのである。

勅撰貴族院議員だった政治学者の南原繁（一八八九〜一九七四）もまた、自衛権の放棄に疑義を呈している。南原繁は、後の講和問題の際には全面講和を主張し、以後も革新陣営の中軸として護憲を求める言論活動を行ったことで知られるが、この時点では憲法九条の草案について国際連合との関係から疑問を投げかけている。南原は、恒久平和の理想を掲げることには賛成しつつも、国家としての自衛権と、最低限の兵力を保持する必要があると主張していた。そして、戦後憲法が想定していた国際連合による集団的安全保障体制に注目して、次のように述べている。国連憲章は、加盟国の自衛権を承認すると同時に、国連への兵力提供の義務を負わせている。もし、日本が全く兵力を持たないならば、国連に加盟できたとしても、加盟国として兵力提供の義務を果たすことができない。それは結局、世界平和に貢献するという理想を裏切ることにならないだろうか。[4] 南原は続ける。

> 日本は永久にただ他国の善意と信義に依頼して生き延びんとするむしろ東洋的諦念主義に陥るおそれはないか。進んで人類の自由と正義を擁護するがために互に血と汗の犠牲を払って世界平和の確立に協力貢献するという積極的理想はかえって放棄せられるのではないか。[5]

国連を中心とする安全保障と日本の憲法九条との整合性をどのように確保するのか。南原の「東洋的諦念主義」という指摘は、戦後日本を「一国平和主義」と呼んで批判する一九九〇年代の議論を先取りしているように思える。また、「血と汗の犠牲」という言葉からは、軍事暴力の存在を決して否定してはいないということも読み取れる。言い換えれば、南原のなかで「平和」は必ずしも非暴力と結びつくものではなかったのである。「平和」と暴力の関係は戦後史を貫く課題であったわけだが、戦後史の最初期の段階から、この課題は強く意識されていたのである。

「平和国家」日本

このような経緯を経たものの、公布された憲法の平和主義は「これからはもう戦争はないのだ」という安堵とともに歓迎されたと言える。『毎日新聞』の世論調査によれば、「戦争放棄」を支持した回答は七〇%に及んだのである。[6] 九条に対する大規模な反対運動などは起こらなかった。憲法九条が受け入れられた背景には、二度と戦争に巻き込まれたくないという拒否感や、ようやく手にした平穏を手放したくないという一種の「生活保守主義」があったと考えられる。

戦後日本の平和運動にも深く関わった社会学者の日高六郎（一九一七〜）は、戦後日本社会が憲法の平和主義をすんなりと受け入れた要因について、興味深い指摘をしている。当時の社会にとって、憲法九条は「既成事実の追認だった」というのである。[7] つまり、すでに日本の軍隊はなく、戦争をする気もなかったときに、第九条を含む戦後憲法が公布されたため、国民的議論が起こることなく、九条は受け入れられたのだと日高は看破している。

多様な「平和」

占領下の「平和」をめぐる議論には、国際社会と日本との関係を楽観的に捉える傾向があった。[8] たとえば、近代的国家を超える「世界政府」や「世界国家」の構想は、具体性に欠けるところがあったとはいえ、平和主義の実践として人びとの期待を集めた。さらに、国際連合が世界に「平和」をもたらすだろうという期待も強かった。他方、マルクス主義者たちのなかからは、戦争とは帝国主義に達した資本主義が経済的に他国を侵略することから始まるものであるから、憲法の平和主義を実現するには日本を社会主義化し、国際化せねばならないという議論が提出されていた。

そうしたなか、憲法が掲げる戦争放棄について、その新しさと困難さを誰よりも理解していたのは、法学者や政治学者たちだったのかもしれない。憲法の戦争放棄は、単なる無抵抗主義ではなく、国際連合への信頼に基づくものだと理解されていた。特に議論を呼んだのは、法哲学者の恒藤恭（一八八八〜一九六七）による、日本は「永久中立国」を目指すべしという問題提起だった。恒藤は、一九四九年に、占領終結後も非武装という徹底的平和主義を貫くためには、日本は「永久中立」を保障する制度を作る可能性があるのではないかと述べたのである。

　こうした問題提起を、当時の法学者たちはどのように受け止めたのだろうか。ここで、横田喜三郎（一八九六〜一九九三）と田岡良一（一八九八〜一九八五）という二人の国際法学者の意見を確認してみたい。横田と田岡の議論が、戦後日本における日本の「平和」と「安全保障」をめぐる議論の枠組みを浮き彫りにしているからである。

　当時東京大学法学部教授の横田喜三郎は、日本を「永久中立国」にしてはどうかという議論に反対して、「集団的保障こそ世界の平和を確保する確実な方法であり、同時に日本の安全を保障する真の道」だと述べていた。横田が言う「集団的保障」とは、具体的には国連軍を中心にした安全保障体制を意図している。

> 　中立ということは、いまでは、時代おくれである。現在は集団的保障の時代で、諸国が一致協力して侵略戦争を防止すべき時代である。どこかの国が侵略戦争を行えば、他のすべての国が協力して、防衛にあたらなくてはならない。それによってはじめて、一般的にも平和が保たれ、自分の国も安全が保障される。自分の国だけ中立の地位に立ち、戦争の惨禍をまぬかれようとすることは、国家的利己主義であり、国際協力の時代精神を理解しないものである。[9]

このように、横田は「非武装中立」を「国家的利己主義」だと否定的に捉えていた。他方で、当時京都大学法学部教授の田岡良一は、横田とは逆の発想で「非武装中立」が可能となる条件を考察していた。田岡は次のように述べる。国連の安全保障理事会には拒否権が認められているため、侵略戦争を開始した国への制裁を行おうとしても、安保理の米英仏露中のなかで拒否権を行使する国が一国でも出たら、国連による制裁は成立しない。このような状況で、果たして日本の安全は保障されるのだろうか、そして田岡は次のように提案する。

日本は新憲法によって一切の戦争を放棄することを国是としており、また総ての軍備をすて、軍需工業をも撤去しておるから、事実上他国に何等の軍事的援助をも与え得る地位におらない。こういう国が同盟または相互援助条約に入るのは困難である。日本に必要なのは、日本が攻撃をうけた場合には援助を受けるが、他国が攻撃を受けたとき援助の義務はないとする条約である。相互援助でなくて片務的援助条約である。[10]

田岡は、横田が「国家的利己主義」だとした「中立」の可能性を追求して、「片務的援助条約」の締結を提言している。そんなに都合の良い話はないと即座に否定されかねないような提案だが、実際、戦後日本は、「ある程度まで都合の良い」条件を達成したと考えることもできる。

なぜそう言えるのか。その詳細は本書を通して述べていくため、ここでは簡単に触れるにとどめておきたい。つまり、主権回復とともに締結した日米安全保障条約により「非武装中立」は達成できず、国内に軍事基地が存在し、自衛隊を持つに至った戦後日本は、他方で憲法九条を堅持し続けた。憲法を掲げることで、過度な軍備は持たず、直接的に戦争に参加することもなかった。むろん、西側陣営の一角として、朝鮮戦争とベトナム戦争ではアメリカの協力者としての役割を全うすることになり、その意味では加害者にもなったが、主権国家として一度も開戦せずに、経済的な繁栄を成し遂げたのである。

「平和」勢力の拡大

占領下の日本において、時に国民の期待を集めた政党に社会党がある。社会党の理論的指導者だったのが山川均（一八八〇～一九五八）である。

山川は、戦後日本が直面しているのは社会主義革命ではなく民主革命だとして、社会党と共産党との違いを明確にしていた。共産党は日本の非武装化を「革命の前段階」として限定的に認めてはいたが、独自の軍隊を持つべきだというのが本来の主張だった。これに対し、山川均は、日本社会主義の独特のあり方として、社会主義革命後も日本の非武装を積極的に受け入れるよう主張し、社会党の方針としたのである。[11]

こうした違いはあれど、社会党も共産党も、占領軍による改革を基本的には支持していた。特に、社会党は、一九四七年には第一党となり、片山哲（一八八七〜一九七八）を首班に連立内閣を組むほど、国民からの支持を得ていた。しかし、冷戦構造の固定化に伴い、占領政策は変化し、国民も占領軍も、日本の統治者として保守政権を選択することになった。同時に、当初は占領軍を支持していた社会党と共産党は、反米に転じていく。このような占領政策の変化とそれへの対応の過程で、社会党内は左右の派閥に分かれ、選挙で議席を減らすなど低迷した。

こうした状況で社会党は「平和」方針に活路を見出していく。一九四九年一二月、社会党は、（1）全面講和、（2）外国軍の日本国内駐留に反対、（3）中立堅持、の三点からなる「三原則」を採択し、党内分裂を回避した。この「三原則」は、一九五〇年四月の臨時党大会で正式に社会党の基本態度として認められた。

社会党の方針は選挙でも支持され、選挙が行われるたびに議席数を伸ばした。こうして、「平和」方針はさらに盤石なものとなり、一九五一年一月の社会党の党大会で、左右両派間の激論の末に、「日本の再軍備への反対」を第四の原則として追加した。[12] この大会で新たに社会党委員長に就任した鈴木茂三郎（一八九三〜一九七〇）は、「青年よ銃をとるな」と呼びかけて、人びとの反戦感情を動員しつつ、全面講和と再軍備反対こそが日本の「独立」に資すると主張していた。こうして社会党は「平和の党」というアイデンティティを強化していったのである。

他方で、共産党も「平和」勢力としてのアイデンティティを確固たるものにしていた。そもそも、共産党の指導部には、戦争に抵抗し続けたという「獄中非転向」の神話があった。アジア・太平洋戦争の否定は「平和」という価値の源泉だったため、戦争への否定を貫いた共産党の指導部たちは、知識人を中心に支持されていた。

占領下の日本社会において、共産党は一定の支持を集めていたが、それをよく示すのが、「ストックホルム・アピール」と呼ばれた反核署名運動であろう。この反核署名運動の端緒は、一九四九年四月、パリとプラハで開催された「平和擁護世界大会」だった。GHQが出国を認めなかったため日本からの参加者はいなかったが、日本では様ざまな思想信条を持つ人びとがこの大会に期待を寄せていた。「平和擁護世界大会」は、一九五〇年三月、核兵器の使用禁止を訴える世界的署名運動のアピールを採択した。「ストックホルム・アピール」と呼ばれたこの反核署名運動は、占領下の日本でも六〇〇万を超える署名を集めたと言われる。[13]この運動の担い手の中心は、共産党員ならびにその支持者たちだった。

共産主義者たちが否定したのは、帝国主義の戦争であり、帝国主義と対決する戦争を「正しい戦争」として捉える傾向にあった。たとえば、「平和擁護評議会」の支持者だった平野義太郎（一八九七〜一九八〇）は、「進歩的な戦争は、民主主義のための戦争、抑圧者にたいする被抑圧者の戦争、勝利をえた社会主義にたいする干渉戦争において、これを防御する戦争である。そうして、これらの戦争を通じて新しい動的な平和がつくられる」と述べていた[14]。

この時期、共産党はGHQとの対立を先鋭化させていた。一九五〇年三月には皇居前広場で共産党が指導するデモ隊と占領軍が衝突する事件が起きた。これを受けて、吉田内閣は五〇年九月の閣議で共産党員の公職追放の方針を固めた。

平和問題談話会

ここで、時計の針を少し戻して、戦後の「平和」をめぐる議論に多大なる影響を与えた平和問題談話会について、その起源から語り起こしてみよう。

一九四八年七月、ユネスコ（国連教育科学文化機関）は「平和のために社会科学者はかく訴える」という声明を発表した。これは、知識人集団による「平和」への提言として先駆的なものだった。当時の日本は、ユネスコには加盟していなかったが、岩波書店の雑誌『世界』の編集長だった吉野源三郎（一八九九～一九八一）はこのユネスコの声明に呼応する声明を出すべく、日本の知識人たちに呼びかけた。吉野の呼びかけに応じたのは、経済学者の小泉信三（一八八八～一九六六）や哲学者の安倍能成《よししげ》（一八八三～一九六六）ら戦前以来の知識人であるオールド・リベラリスト、気鋭の社会学者清水幾太郎（一九〇七～八八）ら、日本の社会科学者・自然科学者たちだった。

世代も違えば思想信条も異なる人びとが結集できたのは、彼らが「戦争を繰り返さない」という決意と「戦争中に有効な反対運動ができなかった」という後悔を共有していたからだろう。戦後思想を牽引した丸山眞男（一九一四～九六）は、戦争を止められなかったことに道徳的負い目を持つ知識人集団を「悔恨共同体」と呼んだが、「平和」に向けた提言のために結集した知識人たちは、まさに「悔恨共同体」そのものだった。

彼らが議論したユネスコの声明への反応は、「戦争と平和に関する日本の科学者の声明」として『世界』一九四九年三月号に発表された。そこでは、将来の戦争は必然的に核戦争であるため、人類は絶滅の危機にあるとして戦争が否認されると同時に、東西の平和共存が訴えられた。そして、この声明に関わった知識人たちが中心となり平和問題談話会が結成された。議長は安倍能成、副議長には物理学者の仁科芳雄（一八九〇～一九五一）とマルクス主義経済学者の大内兵衛（一八八八～一九八〇）が就いた。平和問題談話会の主要な活動は、社会に呼びかけるための声明を公表することだった。

平和問題談話会は続いて、一九五〇年一月に、講和問題に関して「講和問題についての平和問題談話会声明」を発表した。日米両政府が進めようとしていた片面講和に対して、この声明は、全面講和と中立、軍事基地反対を説いた。

占領後期のこの時期の「平和」は、広範な知識人団体であった平和問題談話会が示すように、マルクス主義に基づいて社会主義国を擁護する人びとも、オールド・リベラリストも、同様に集うことが可能な旗印だったと言える。加えて、当時の日本社会で「平和」が国民的な支持を得ることができたのは、戦争体験の傷跡が社会のいたるところに残っていたからである。

再軍備と講和問題

一九四九年一〇月には中華人民共和国が成立し、さらに、一九五〇年六月には朝鮮戦争が勃発した。一一月にはアメリカ大統領ハリー・S・トルーマン（一八八四〜一九七二）による、朝鮮戦争で原爆使用もあり得るという発言があり、日本でも大きく報じられた。朝鮮戦争の勃発は、東アジアが冷戦体制のなかに本格的に編入され始めたことを意味しており、日本の人びとも自らの立ち位置を明確にし始めた。「これからの日本はどのようにあるべきか」という大問題が、講和と独立に関する議論として登場したのである。

吉田茂内閣はアメリカとの交渉を経て、アメリカに代表される「西側諸国」と講和条約を結ぶ「片面講和」の方向を探った。それはアメリカの意向でもあった。「片面講和」の選択は、日本の安全保障のための日米安全保障条約とセットだった。これに対して、社会党は「中立堅持・軍事基地反対」を掲げ、ソ連・中国とも国交を回復する「全面講和」を主張した。従来の講和条約をめぐる議論は、ここにおいて一気に盛り上がることになった。

また、朝鮮戦争の勃発を受けたマッカーサーは、日本には自衛権があるとして警察予備隊の設置を指示し、吉田茂首相はためらいを示しながらもこれを受け入れた。皮肉なことに、かつて憲法制定時に国会で自衛権を否定した吉田茂のもとで、警察予備隊が創設されたのである。警察予備隊の目的は、国内の治安維持ではあったが、人員は七万五〇〇〇人だった。こうして、講和条約と再軍備の問題は、並行して議論され、その過程で日本の「平和」と独立をめぐって対立軸が形成されていく。

社会党とともに「全面講和」を掲げていた民主党は、芦田均の意向で方針を転換し、積極的な「再軍備」論を展開する。芦田は、警察予備隊の強化と国連軍への日本人志願兵の可能性を画策したが、これに挫折し、その後、世論に防衛の必要性を訴えるようになった[15]。芦田は「家のそとに強盗が横行している以上、戸締りをするのは常識」という「戸締り」の論理を主張し、これそれなりの世論の支持を得た。さらに芦田は、ＧＨＱの求めに応じて意見書を起草し、これを一九五〇年一二月にマスコミに公表した。この「芦田意見書」は、要するに反共思想に基づく自衛論であった。こうして、民主党は保守勢力に転換し、自由党との距離を縮めていく。後の保守合同による「五五年体制」への布石が打たれたのである。

「再軍備」という出来事は、憲法から導き出されると考えられてきた「非武装」と「中立」の理想が明確に挫折した最初の出来事だったと言える。「再軍備」は、当然ながら、憲法九条の改正という問題に逢着《ほうちゃく》した。保守勢力は、憲法の見直しを行うなかで、戦前回帰的な提案を繰り返したため、社会党とそれを支持する人びとは強い危惧を抱いた。敗戦によってようやく手にした価値の象徴である憲法を変えようとすることは、日本の戦後の民主主義を、ひいては戦争犠牲者をも否定するものだと受け止められたのだった。

「再軍備」への反対意見は盛り上がったが、そのなかには非武装中立とは異なる観点から「再軍備」に反対する者もいた。一九五一年夏から、追放解除によって政界に復帰して自由党に入った鳩山一郎（一八八三〜一九五九）と石橋湛山（一八八四〜一九七三）である。彼らは、吉田茂が進めた「片面講和」と日米安保をワンセットにした「独立」の方向性に強い不満を持っていた。鳩山一郎の主張は、占領期の行き過ぎた改革を「是正」するために憲法を改正し、堂々と自前の軍隊を持って「独立」を達成することだった。日本は軍隊を持つべきだという鳩山の主張は、次の世論調査の結果が示すように、当時の日本社会である程度の支持を得ていた。

一九五一年三月に行われた『読売新聞』による世論調査は、「日本に国防軍を再建せよ」という意見の賛否を問うており、その結果は、「賛成」が四七・三％、「反対」が二三・六％と、「賛成」が「反対」を大きく上回っている。この傾向は、一九五二年四月の『読売新聞』の調査にも当てはまる。「憲法を改正して軍備を持つべきかどうか」という、より踏み込んだ質問に対する答えとして、「賛成」は四七・五％、「反対」は三九・〇％であった。

こうした傾向は、『読売新聞』の調査だけでなく、『朝日新聞』の調査からも確認できる。一九五一年九月の『朝日新聞』の世論調査は、「『日本も講和条約ができて独立国になったのだから、自分の力で自分の国を守るために、軍隊を作らねばならぬ』という意見があります。あなたはこの意見に賛成されますか」と問うたが、「賛成」という回答が、七一％だった。一九五二年三月の『朝日新聞』の世論調査は、「いま日本に軍隊を創る必要性があるか」を問うており、結果は、「必要がある」が三二％、「条件によって必要」が二四％、「必要ない」が二六％だった。

戦争が終わって約五年の歳月が経ち、いよいよ日本は主権を回復しようとしていた。そのとき、世論調査が示すように、過半数を超える人びとが「やはり軍隊はある程度は必要かもしれない」と感じ始めていたのである。しかし、戦争は嫌だし、徴兵制も嫌だ――。ある意味では「都合の良い」考え方ではあるが、九条の下で最小限の軍備を持つという、後の日本が選択する方向性は、占領末期の世論に、一応は沿っていたと言える。ここに欺瞞《ぎまん》を見るか、したたかさを見るかは、論者の立場によるだろう。

非武装中立とレジスタンスのリアリティ

朝鮮戦争の勃発から「再軍備」へと至る過程では、知識人たちによる言論活動も活発になっていた。先に確認した知識人団体の平和問題談話会は、雑誌『世界』一九五〇年一二月号に「三たび平和について」を発表する。

この論考で大きな役割を果たしたのが、政治学者の丸山眞男だった。丸山は、この報告の第一章「平和問題に対するわれわれの基本的な考え方」と、第二章「いわゆる『二つの世界』の対立とその調整の問題」の執筆を担当した。第一章では、東西陣営の平和共存の可能性が指摘され、第二章ではその条件が検討されている。特に第二章は、最終兵器としての核兵器の登場、アジアにおける第三勢力の台頭、東西陣営内の多極化に注目し、それらが平和共存をもたらし得ると述べている。

平和共存の可能性がある以上、西側陣営の一員として国際社会に復帰するのは、かえって東西の緊張を高めることになる。平和問題談話会はこのように状況を理解して「全面講和」を主張するとともに、日本は国連の下で、米ソのどちらにもつかない「非武装」と「中立」を選択することによって、冷戦の緊張緩和に貢献できると提言した。では、「非武装中立」を実践したとして、日本の安全保障はいかにして確保されるのか。「三たび平和について」が期待を寄せたのは、国連による安全保障だった。

この提言は、当時から「現実的ではない」と批判され、結果的にも実を結ばなかった。ただし、忘れてはならないのは、この時期の「非武装中立」をめぐる議論のなかには、外国の攻撃を受けた際には国民が武装してレジスタンスを行うという意見が少なからず存在していたということである。丸山眞男や清水幾太郎は、レジスタンス活動を支持する発言を残している。「非武装中立」論は、国家の武装を厳しく否定したのであって、国民の武装を否定したわけではなかった。彼らは戦争中の軍事訓練で、武器の扱い方をよく知っていたため、「自分が銃を持つ」ということにリアリティを持っていたと言える。戦後日本の知識人たちの議論を整理した歴史社会学者の小熊英二（一九六二〜）の言葉を借りるならば、「非武装中立」論は、「アメリカに従属した国家の軍隊を拒否するものではあっても、必ずしも絶対非暴力の主張ではなかった」のである。[16]

このように、吉田政権は、対米自立と再軍備を掲げる「右」と、「非武装中立」と全面講和を掲げる「左」に挟撃された。結果として、吉田政権が選択したのは、憲法九条を掲げてアメリカの意向をやわらげたり拒絶したりしながら、最低限の兵力は備えるという路線だった。それは、片面講和と日米安全保障条約の締結として現実化した。

結局、一九五一年九月八日、サンフランシスコ講和条約と日米安全保障条約は調印され、翌年の四月二八日に発効。講和条約によって、日本は沖縄の施政権をアメリカに譲った。同時に台湾の国民政府との間で日華平和条約が締結され、日本は台湾を政府と認め、中華人民共和国とは国交を結ばなかった。冷戦という国際環境のなかで西側陣営の一員であることを選んだ日本は、以後、現代に至るまで対米協調路線を堅持していくことになる。

講和後の改憲論

サンフランシスコ講和条約と日米安全保障条約をワンセットにした日本の主権回復に対しては、「全面講和」を求めていた革新派は言うまでもなく、保守の側も強い不満を抱いていた。不満の理由は日米安全保障条約が有した「不平等」である。この条約は、日本には米軍に基地を提供する義務を定めていたが、アメリカには日本防衛の義務を課していなかった。加えて、日米安全保障条約の第一条「極東条項」も問題視された（一九六〇年に発効したいわゆる「新安保」では第六条）。「極東条項」は、「極東における国際の平和と安全の維持に寄与」するために、米軍が日本に基地を置くことができ、それを使用できると定めていた。ここで言われる「極東」とは、中国本土やソ連、オーストラリアが含まれていた。つまり、この「極東条項」の存在により、主権回復後の日本は、少なくとも軍事的には、事実上「占領下」にあったのだと言える。

こうした事実を念頭に「現状は真の独立ではない」と主張していたのが岸信介（一八九六～一九八七）だった。岸信介は戦前、官僚として満州国の経営に関わり、戦中は東条英機（一八八四～一九四八）の下で商工相を務めた。戦後はA級戦犯として巣鴨プリズンに収監されたが、一九四八年一二月に釈放され、サンフランシスコ講和条約の発効に伴い公職追放も解除された。そして、一九五三年、岸は早くも政界に復帰している。政界復帰後の岸は、以下のように述べていた。

今日われわれが毎日の新聞で問題にしておりまする自衛態勢を如何にしてつくるかというような問題は、これはわれわれの独立を如何にして完成するかという点から主として見るべき問題であると思うのであります。[17]

「われわれの独立を如何にして完成するか」という言葉からは、岸がサンフランシスコ講和条約による日本の主権回復では、「独立」としては不完全だと考えていたことがうかがえる。「自衛」のために憲法改正を画策する保守政治家とその支持者の動きは、以後活性化していくことになる。

サンフランシスコ講和後の日本社会では、警察予備隊が保安隊へと改組され、そこに日米安全保障条約による米軍の駐留継続が重なり、憲法九条との整合性に関する疑問と批判が大きくなっていった。国会での議論のなかで、当時の首相の吉田茂は憲法九条の「戦力」について、政府の統一見解を明らかにした。統一見解では、保安隊は「その本質は警察上の組織」であり「戦争を目的として組織されたものではないから、軍隊でないことは明らかである」とされた。また、在日米軍は「わが国を守るために米国の保持する軍隊であるから憲法第九条の関するところではない」とされた。憲法と現状との齟齬を、憲法解釈によって、埋め合わせようとしたのである。

吉田政権が選択した方針については、当時のマス・メディアも問題提起を行っていた。『朝日新聞』は、憲法九条の解釈をめぐる対立を解消するためにも、研究者や民間人も含めた超党派的な「憲法審議機関」を設置して議論すべきだと提言している。[18]『毎日新聞』も、官民合同の調査機関を設置すべきだとしていた。[19]

激しい批判は、吉田茂の属する自由党内部からも起こった。憲法改正が持論の鳩山一郎を中心にした自由党反主流派が党内で影響力を増し、彼らの意向によって自由党内に憲法調査会が設置された。この憲法調査会はマス・メディアの問題提起を換骨奪胎するものだった。会長には岸信介が就任し、「改憲のための調査会ではないか」という批判が起こった。この批判は決して的外れではなく、岸自身が、当時の『東京新聞』で、「従来岸というものは憲法改正に関して積極的な意見を発表している、それが会長になったということ自体が相当に私は憲法改正に対する機運を醸成するものだと思いますネ」と述べている。[20]

改憲を模索する動きに対して、社会党や知識人たちは、護憲運動を組織していった。一九五三年一一月には全国の学者、宗教家、政治家らが「平和憲法擁護の会」を結成。一九五四年一月には社会党とその支持母体である総評（日本労働組合総評議会）が中心となり「憲法擁護国民連合」が結成された。議長には首相経験者の片山哲が就いた。こうして、一九五〇年代の前半は、「平和」と独立をめぐる国内の対立が固定化し始めていたのである。

自衛隊と憲法九条

一九五三年に入ると、アメリカは相互安全保障法（ＭＳＡ）によって西側諸国の防衛政策に経済的援助をすると発表した。このアメリカの援助に応えるようにして、一九五三年末から、自由党と日本自由党、改進党の三党が自衛力の増強を目指して協議を始めた。そして、一九五四年三月、防衛庁設置法と自衛隊法の「防衛二法」が国会に提出される。左右の社会党による激しい反対があり、国会内で乱闘が起こったが、結局「防衛二法」は国会を通過し、七月一日に施行。ここに自衛隊が成立した。

「防衛二法」の国会審議で特筆すべきは、乱闘騒ぎではなく、自衛隊の海外出動は行わないという決議がなされた点である。参議院で「本院は、自衛隊の創設に際し、現行憲法の条章と、わが国民の熾烈なる平和愛好精神に照らし、海外出動はこれを行わないことを、茲に更めて確認する」という決議が行われたのである。これを発議したのは鶴見祐輔（一八八五～一九七三）だった。鶴見は、旧日本軍が自衛と称して海外へ膨張していった経験を踏まえ、自衛隊の海外出動に歯止めをかけようとしたのである。

この時期の保守政党は、ＧＨＱの改革が「行き過ぎた民主化」を生んだと見なし、それを「是正」しようとしていた。国民の支持を集めるため、「憲法は押し付けられたものだから国民の手で自主憲法を制定しよう」という呼びかけを以前にも増して積極的に行うようになる。

一九五四年一一月、日本民主党が結成された。総裁に鳩山一郎、幹事長に岸信介が就いた。日本民主党は、左右社会党とともに、吉田内閣に不信任案を提出、内閣は総辞職した。しかし、日本民主党も社会党も、衆議院では少数派だった。そこで、選挙準備期間のための内閣という了解で、社会党が鳩山を支持し、一二月に鳩山内閣が成立する。鳩山は事前の了解通り、一九五五年一月に国会を解散、翌二月に選挙を迎えた。この選挙の最大の争点は、憲法改正の是非だった。

かねてから憲法改正、自主憲法制定が持論だった鳩山の人気は高かった。しかし、結果的に「防衛二法」の成立が、鳩山の憲法改正論の障壁となった。憲法の枠内で自衛隊を保持する「防衛二法」の存在が、憲法改正の根拠を薄めたと言える。なぜなら憲法九条の下でも事実上の軍事力を備えることができるのであれば、急いで憲法を変える必要もないからである。実際、鳩山は政府統一見解として自衛隊は憲法に違反しないと発表したのである。

一九五五年二月に行われた選挙では、鳩山人気もあり、日本民主党は議席を大幅に伸ばした。しかし、自由党が大幅に議席を減らしたために、保守政党全体の議席は減少し、憲法改正に必要な全体の三分の二の議席を獲得できなかった。国民は、再軍備反対・憲法擁護を唱える護憲勢力に、三分の一以上の議席を与えたのである。

それでも、保守政党は憲法改正の旗印を放棄しなかった。一九五五年七月には、日本民主党と自由党の議員有志が「自主憲法期成議員同盟」を結成している。この議員同盟には、後に総理大臣を務める中曽根康弘（一九一八〜）も参加していた。このときに中曽根が作詞した「憲法改正の歌」は、当時の改憲派の心理をよく表している。レコード化もされたこの歌の一番の歌詞は「嗚呼戦に打ち破れ　敵の軍隊進駐す　平和民主の名の下に　占領憲法強制し　祖国の解体計りたり　時は終戦六カ月」というものであった。さらに五番は「この憲法のある限り　無条件降伏つづくなり　マック憲法守れるは　マ元帥の下僕なり　祖国の運命拓く者　興国の意気挙げなばや」。憲法は「強制」されたもので、「この憲法のある限り」敗戦は続くという理解が、高らかに歌われている。

もちろん、再軍備問題の頃から続く憲法改正の動きに対しては、激しい反対の声が上がっていた。一九五四年一月には、社会党が中心となって「憲法擁護国民連合（護憲連合）」が結成され、労働団体や婦人団体、学者や知識人団体、学生団体が結集し、護憲運動が組織化されたのである。

憲法をめぐる対立が固定化されようとしていた一九五四年には、「被爆国」としての平和意識を規定することになる出来事が起こった。ビキニ事件である。

「平和」運動としての原水爆禁止運動

一九五四年三月一日、マーシャル諸島ビキニ環礁でアメリカの水爆実験「ブラボー実験」が行われた。米ソの核兵器開発競争のあおりを受けたのは、マーシャル諸島の住民たちだけではなかった。マグロはえ縄漁を操業していた第五福竜丸は、アメリカが実験のために指定した「危険区域」外にいたにもかかわらず、水爆実験に伴う放射性降下物を浴び、乗員二三名が被災し、漁獲物も汚染されたのである。

この事件は、一九五四年三月一六日の『読売新聞』夕刊によって初めて報じられ、船員たちの症状は「原子病」ではないかと言われた。さらに、南洋のマグロが「死の灰」と呼ばれた放射性降下物に汚染され、そのマグロがすでに日本の市場に出回っているという報道は、人びとの不安をかき立てるとともに、漁業者と鮮魚店に深刻な打撃を与えた。

核実験とそれに伴う「死の灰」への不安は、食品汚染への不安と結びつきながら膨らんでいった。北海道から九州、さらに米軍施政権下の沖縄まで、全国各地で雨水から放射性物質が検出された。こうした食品の汚染による健康被害の可能性を、多くの日本人は原水爆による「核被害」として受け止めた。さらに、原因がアメリカの核実験であったため、反米意識を高めることになり、ソ連が平和勢力であるという理解を補強することにもなった。当時の世論調査は、「日本人はこれから先も原子爆弾や水素爆弾の被害をうける心配があると思いますか」という質問について、「心配がある」という答えは七〇%だったのに対し、「心配はない」が五%、「意見なし」は二五%だったと伝えている。[21]

ビキニ事件を受けて、全国各地の自治体や平和団体は、核実験の停止を求める声明を発表するなど具体的な運動を始めていた。なかでも杉並の主婦たちは、一九五四年五月九日、国際法学者で元東京帝大法学部教授の安井郁《かおる》（一九〇七〜八〇）とともに、水爆禁止署名運動杉並協議会を結成し、署名運動を牽引していった。のちに「草の根」の平和運動と評価されるこの署名運動は、三〇〇〇万を超える署名を集めた。当時の有権者の半数を超える数の署名である。反核運動としては、水爆禁止署名運動以前の一九五〇年にも、核兵器に反対する「ストックホルム・アピール」の署名運動が存在したが、これが共産党系の「左翼運動」として受け止められがちだったのに対し、水爆禁止署名運動は党派にとらわれず、広い人びとが賛同する運動になった。

この大規模な運動の過程で、ビキニ事件は「三度目の核被害」という位置を与えられ、広島と長崎の核被害が「再発見」された。被爆者団体が活動を拡大させていくのもこの頃である。被爆体験が「国民的記憶」として定着した。現在の世界に核兵器があり、未来においてそれが使用される限り、あらゆる世代の人間が核兵器を自らの問題として捉えることができる。その点が、他の戦争体験とは異なり、反核運動が盛り上がり、定着した理由でもあった。

こうした高まりを受けて、一九五五年八月には、原水爆禁止世界大会が広島で開催された。この大会は、広島に世界各国の代表者が結集して核兵器への反対の意思を確かめ合い、核保有国に対して核実験と核使用の停止を訴えるもので、以後毎年八月に開かれた。原水爆禁止を掲げた世界初の国際会議が広島で開催されたのは画期的なことであり、被爆が「日本国」の国民的体験になる契機となった。以後、年に一度開催される原水爆禁止世界大会は、平和運動の象徴的存在になっていく。

福田恆存の「平和」

平和問題談話会、護憲運動、原水禁運動などに代表される一九五〇年代の「平和」をめぐる議論のなかで異彩を放ったのは、文芸評論家で劇作家、またシェイクスピアの翻訳で知られる福田恆存《つねあり》（一九一二～九四）である。福田は、「平和論の進め方についての疑問」（『中央公論』一九五四年一二月号）を発表して、世間の耳目を集めた。福田の「疑問」は次のようなものだった。

当時石川県の内灘闘争など米軍基地への反対運動が高まっていた。米軍基地周辺の治安や騒音といった具体的な問題を解決しなければならないはずだが、平和運動で指導的役割を果たす知識人たちの議論は、日米安保や冷戦構造を持ち出して論点を広げていく傾向にある。こうして問題を拡大していく平和運動は、本当に基地周辺の具体的な問題を解決しようとしているのかどうか、疑われても仕方ないのではないか。

福田はこのように述べた後、「平和」そのものについても話題にしていく。福田の理解では、「絶対平和」というものは理想としてはあり得るが、現実の「平和」は戦争を防止するという努力によってしか成り立たない「相対的」なものだった。かつて、政治と文学との峻別《しゅんべつ》を主張した福田が、今度は理想と現実の峻別を説いているのである。

私は、今日、完全な意味の——十九世紀的な意味の——独立というものはありえないと信じています。あくまで自国の利益を考えなければならぬことはいうまでもありませんが、そのためには、日本のような小国は、どうしても強大な国家と協力しなければならない。しかし、対等な協力などとうていできるものではありません。それは個人間における関係と同様です。このばあい、利害はおたがいさまでしょうが、とかく強国のほうが得をしやすい。それをいちおう認めたうえで、日本はアメリカと協力しては、なぜいけないのか。そのはっきりした回答を、私は平和論者からいただきたいのです。[22]

さらに福田は続ける。

私がどうおもおうと、じっさいには、日本はアメリカと手を握っている。平和論者はこれを断とうとしているわけですが、そのほうがよくて、しかも断てない今日、毎日どうして暮したらいいのか。平和論は若い世代に大きな影響力をもっているとききます。まさか、かれらが毎日「平和、平和」と気勢をあげているだけでいいわけでもありますまい。彼等に現代世界の構図を図示するだけでなく、最悪の事態にも応じられる人生観を示唆することも必要でしょう。平和論水泡に帰す、あとのことは知らぬ、それではすみません。その点をどう考えているのでしょうか。[23]

このような福田の議論は、次章で確認するようなパワー・ポリティクスに基づく「現実主義」的理解を論壇において一〇年先取りするものだったと言える。六〇年代以降、「現実主義」的国際政治理解は人口に膾炙《かいしゃ》するが、五〇年代半ばのこの時期においては、福田のような意見は圧倒的に少数だった。

結局、福田の問題提起を正面から受け止めた反論はなく、感情的とも言える反発があっただけだった。福田は、戦後民主主義を愚弄する「保守反動」のレッテルを貼られることになった。

五五年体制

福田恆存のような問題提起があったとはいえ、社会党を中心とした平和運動は国民から一定の支持を得ており、論壇の大多数も運動を擁護していた。こうした支持を背景に、左右の社会党は、一九五五年二月の衆議院選挙を戦い、左右の合計で全四六七議席の三分の一にあたる一五六議席を獲得したのである。そして、一九五五年一〇月、講和条約をめぐる議論で左右に分裂していた社会党が統一された。委員長には左派の鈴木茂三郎、書記長には右派の浅沼稲次郎（一八九八～一九六〇）が就任した。

社会党の統一に対抗して、同年一一月、自由党と民主党が合併し、自由民主党が結党された。占領法制の再検討と憲法の自主改正を掲げた新たな保守政党が誕生したのである。労働者に支持された社会党と、財界や中小企業者や農民に支持された自民党の対立は、階級対立という側面を有していたが、それと同時に、憲法をめぐる対立軸が政党レベルで固定化することも意味していた。

社会党の統一と自由民主党の結党は、一九九三年まで続く「五五年体制」と言われる国内体制の誕生だった。さらに、一九五〇年以降「平和革命路線」を手放し、武装闘争を進めてきた共産党も、一九五五年七月、従来の武装闘争路線を冒険主義と自己批判して、議会制民主主義を尊重する方向に転換した。

特に重要なのは、その後も政権を握り続ける自民党の「平和」と「独立」をめぐる方針である。自由民主党の結党大会で採択された政綱の第六項が、この政党の目指すところをよく示している。

平和主義、民主主義及び基本的人権尊重の原則を堅持しつつ、現行憲法の自主的改正をはかり、また占領諸法制を再検討し、国情に即してこれが改廃を行う。
世界の平和と国家の独立及び国民の自由を保護するため、集団安全保障体制の下、国力と国情に相応した自衛軍備を整え、駐留外国軍隊の撤退に備える。[24]

政綱では、この他にも「原水爆の禁止を世界に訴える」という文言や「原子力の平和利用を中軸とする産業構造の変革に備え、科学技術の振興に特段の措置を講じる」とあるように全体的に「平和」が強調されている。しかし、この政綱の重点は、やはり自衛のための軍隊を持って米軍の撤退を求め、「平和」を達成するために、憲法の「自主的改正」を目標に定めたところにある。

すでに確認したように、一九五〇年の警察予備隊設置以降の世論調査では、憲法を改正し自前の軍隊を持つべきだという意見が、反対を上回っていた。こうした世論に支えられながら、自民党は憲法の「自主改正」を掲げる政綱を作成したのだった。しかしながら、新聞各紙の世論調査を見れば、憲法九条の改正に賛成する意見が急速に減少していく契機が、他ならぬ一九五五年だった。警察予備隊の設置から五年が経ち、自衛隊発足も憲法改正なしに可能になったのであるから、国民は改憲の必要性を感じていなかった。さらに、前述したように、改憲論者だった鳩山一郎が総理大臣のときに、自衛隊は合憲として改憲に踏み出さなかったのも影響した。「護憲政党」である社会党はというと、一九五六年の参議院選挙でも議席を伸ばし、共産党と合わせれば全体の三分の一の議席を占めることになった。

この「五五年体制」は、政権交代が可能な「二大政党制」とは異なっていた。議席配分を見れば、最大野党社会党は国会で三分の一以上の議席を占め続けたが、政権は常に自民党が握った。ただし、憲法第九六条が定めるように、衆参両院の三分の二以上の議員の賛成なしには、憲法改正を発議できない。したがって、社会党が三分の一以上を占めることで、自民党は憲法改正ができなかった。見方を変えれば、「五五年体制」とは、保守政党が政権を握ることには賛成しつつも、憲法改正は認めないという国民の意思の表れとしても理解できるだろう。

こうして、自民党は政綱では改憲を掲げながら、選挙ではそれを争点にすることをやめ、基本的には、九条・自衛隊・安保をセットにして「平和」の確保をアピールするようになるのである。政治学者の大嶽《おおたけ》秀夫（一九四三〜）が指摘したように、この「五五年体制」が可視化したのは、日米安全保障条約と自衛隊に関する国内政治の対立軸だった。[25]つまり、世界を二分するアメリカとソ連（中国）との対立軸は、防衛問題をめぐる国内の保守政党と革新政党との対立軸に重なったのである。この対立軸は、単に政党の対立のみを指すのではない。この対立軸に沿って諸集団が自らの立ち位置を固定化させていったのである。[26]

アジアへの期待と国連加盟

鳩山一郎政権は、ソ連との国交正常化を急いだ。対米依存を脱するための日ソ国交正常化は、かねてからの鳩山の主張だったが、シベリア抑留者の復員と国連への加盟が可能になるため、社会党も東西の平和共存に資するものとして積極的に賛成した。そもそも、日本は主権回復後、ただちに国連への加盟申請を行っていたが、国連安全保障理事会でソ連の拒否権行使により否決されていた。加盟申請の否決は、国連に加盟するためにはソ連との緊張緩和が先決であるということを、政治エリートと国民が痛感する出来事だった。

他方で、一九五〇年代の日本の論壇では、アジアの存在感が増していた。長らく列強国の植民地であったアジア諸国は、戦後になって相次いで独立を達成していたが、こうしたアジア諸国は、帝国主義とそれに伴う植民地支配を強く否定し、アメリカとソ連のどちらの陣営にも属さない第三勢力として世界の注目を集めていたのである。

一九五四年、インドの初代首相ネール（一八八九～一九六四）と中華人民共和国初代首相の周恩来（一八九八～一九七六）はチベット問題をめぐって「平和五原則」を締結した。五原則とは「領土、主権の相互尊重」「相互不可侵」「相互の内政不干渉」「平等互恵」「平和共存」である。続いて、ネールは「集団安全保障」ではなく、「集団平和」という概念で国際関係を構築することはできないかと訴えた。戦争の準備という側面が強い「集団安全保障」ではなく、インドと中国が合意した「平和五原則」の考えに基づいて、平和地域を広げていくという「集団平和」方式をとることはできないか提案したのである。[27]

日本では、インドと中国の間の「平和五原則」を「近代の世界史にほとんどその例を見ない、ほんものの平和条約」だと称賛する声も上がった。[28] 特定国を敵視せず、平和的互恵関係を築いたとして、高く評価されたのである。そして、一九五五年にはアジア・アフリカ諸国がインドネシアのバンドンで国際会議を開いた。「バンドン会議」として知られるこの会議には、日本、中国（中華人民共和国）やインド、インドネシア、イラン、イラク、エジプトなど二九カ国が参加した。

米ソの二極が対立する構造に第三勢力が割って入ることで、冷戦の緊張はある程度緩和された。こうした状況を捉えて、一九五五年には、日本を含む一八カ国の一括国連加盟案が申請された。しかし、中国は一八カ国のなかのモンゴル人民共和国の加盟に反対し、ソ連はモンゴルの加盟が認められないならば日本の加盟にも反対するとして中国に対抗した。結局、日本とモンゴルを除く一六カ国の加盟が可決され、日本はまたしても国連に加盟できなかったのである。

そして一九五六年一〇月、妥協点が見出しにくい領土問題を棚上げにして、日ソ共同宣言が発表された。こうして、ソ連の賛成を得た日本は、念願の国連加盟を果たした。名実ともに、国際社会に復帰することになったのである。ソ連やアジアとの自主外交は、アメリカ従属から脱したい保守政治家たちにとっても焦眉の課題だった。

スターリン批判とハンガリー事件

日本がソ連との関係回復を模索していた頃、ソ連は重大な方針転換を行っていた。一九五六年二月、ソ連で共産党第二〇回大会が開催され、ここでソ連の第一書記フルシチョフ（一八九四〜一九七一）による「スターリン批判」が行われたのである。これにより、ロシア革命の精神の正統的後継者で絶対無謬《むびゅう》と思われていたスターリン（一八七九〜一九五三）の神話は、崩れ去った。ソ連とそれに連なる国家にも不正があり抑圧があるという、いまでは当たり前のことが、このとき白日の下にさらされたのである。

この党大会が世界に衝撃を与えたのは、「スターリン批判」だけが理由ではなかった。他にも重要な方針転換が発表されていた。帝国主義段階にある資本主義陣営との戦争は避けられないという従来の理論を修正して平和共存の可能性を確認するとともに、民主的な選挙という平和的手段による革命の可能性を容認したのである。

ソ連を支持してきた日本の学生たちにとって、資本主義との平和共存と平和的手段による革命という方針は、受け入れがたいものだった。これにより、学生たちは共産党から距離を置き、「新左翼」といわれる新たな左翼勢力を形成することになる。

スターリン批判と同じ年、ソ連への期待感をよりいっそう低下させる事件が起こった。ハンガリー事件である。当時、ハンガリーは、事実上の複数政党制に移行するなど、より「自由」な政治体制を模索していた。加えて、ワルシャワ条約から脱退し、「中立」を志向した。こうした動きを憂慮したソ連は一九五六年一一月にハンガリーに侵攻し、軍事力によって強制的に政治体制を変更させた。ハンガリー事件によって、ソ連はスターリン批判以前の、強権の時代に戻るかに思われた。

スターリン批判とハンガリー事件は、日本の知識人たちに多大な影響を与えた。これらの出来事が明らかにしたのは、（現在の眼から見れば当然とはいえ）社会主義国だからという理由で無条件にその国が「平和」を体現するということはあり得ず、むしろ社会主義圏においても武力衝突は起こり得るということ。また、社会主義国にも、権力によって不当に苦しめられている人びとがいるということだった。

もっとも、ハンガリー事件を待たずとも、こうした理解は、敗戦後ソ連の強制労働収容所に抑留された旧日本兵たちが身をもって感じていたことだったのかもしれない。一九四五年から五六年までの約一一年間を強制労働収容所で暮らした内村剛介（一九二〇〜二〇〇九）が、後に『生き急ぐ：スターリン獄の日本人』（三省堂、一九六七年）で詳述したような苛酷な生活は、当時の日本社会には知られておらず、むしろ共産党とその支持者たちはソ連社会を理想化する傾向さえあった。

また、ハンガリー事件は、保守の知識人たちにとっては、ある意味では当然のことだった。福田恆存は「ハンガリーの動乱を見て、いまさら、ソ連が信用できぬとか、ソ連も『帝国主義』ではないかとか、そういふことをいうのはおかしい」と書いているが、かねてから「ソ連礼賛」に懐疑的だった知識人から見れば、ソ連もまたかたちを変えた「帝国主義」国家であり、強大な軍事力によって自らの意思を貫徹するという点では、アメリカと変わるところがなかったのである。[29]

日米安全保障条約をめぐる議論と坂本義和

病気による体調不良のため短命に終わった石橋湛山内閣の後を受けた岸信介も、アジア外交に力を注いだ。一九五七年には、フィリピンやインドネシアなどの旧占領地域と、オーストラリアやインドなどの旧敵国を訪れて「戦後処理」を急いだ。

一九五八年、岸信介内閣は警察官職務執行法（警職法）の改正案を提出した。社会党とその最大の支持母体である総評は、この改正案を戦前的警察国家への回帰を目指すものと受け止め、反対運動を組織した。知識人、文化人もこれに連なり、「デートもできない警職法」というスローガンを掲げたメディアの力もあいまって、多くの人びとが警職法改正の反対運動に関わっていくことになる。そして、最終的に岸内閣は警職法の改正を断念するに至った。この「成功体験」が、六〇年安保運動に結びついていった。

日米安全保障条約の改定に際して、岸政権が目指したのは、日米関係の「対等性の回復」だった。しかし、安保条約そのものに反対していた知識人や社会党・総評、そしてそれを支持する人びとにとっては、必要なのは安保条約の下での「対等性の回復」ではなく、安保そのものの破棄だった。五〇年代初頭に講和問題をめぐる議論をリードした平和問題談話会の流れをくむ国際問題談話会は、日米安保体制に代わるのは「積極的中立主義」であると主張していた。彼らは、「政府の安保改定構想を批判する」（『世界』一九五九年一〇月号）のなかで、核戦争の脅威、日米軍事同盟からの中立、国連の利用による中立の強化、東西の平和的交渉促進を訴えていた。

こうして、日米安全保障条約の改定をめぐる議論が高まり始めていたこの時期、新たな論者が論壇に登場した。国際政治学者で当時東京大学法学部の助教授だった坂本義和（一九二七～二〇一四）である。坂本は、論壇でのデビュー作「中立日本の防衛構想」（『世界』一九五九年八月号）で、政府が進める日米安保の路線と、それに反対する社会党が掲げた「非武装中立」とを、ともに批判し、「中立主義もその戦争像と防衛構想を持たねばならない」と述べたのである。

坂本はこの論考のなかで、核戦争の危機を強調し、国民生存のためには、日本は中立を選ぶべきだと提言した上で、米軍に代わって「中立的な諸国による国連警察軍」が日本に駐留するという案を提示した。このような提案には、それなりの根拠があった。一九五六年一二月に日本が国連に加盟して以来、「非武装中立」を掲げる社会党のなかでは、国連による日本の安全保障という道筋が検討されていた。さらに、一九五六年一一月に停戦決議に至った第二次中東戦争（スエズ戦争）の事例も、坂本の提案の根拠になっていた。第二次中東戦争の終結後、冷戦に中立的な一〇カ国からなる国連緊急軍が、休戦を監視する目的で中東に駐留した。国連が軍隊を組織して「平和」構築に成功した例があったのである。しかし、一九五八年のレバノンの紛争に際しては、レバノン国連監視団を組織した国連から監視団の派遣を求められると、岸信介はこれを断っている。平和構築に向けた国際的取り組みに、日本はどのように関与できるのかという問題が明るみに出たのである。こうした状況で、坂本の構想は画期的だった。

一九五八年のレバノンでの内乱に際し、間接侵略の事実の有無を調査する国連監査団が創設された時、日本も若干の将校の派遣を求められたが、政府は「海外派兵」の憲法問題を顧慮して参加を断わり、国連当局者に奇怪な印象を与えた。これは日本の保守党政府が推進してきた闇の再軍備に伴うさまざまの矛盾が、国際的にさらけ出されたのに外ならない。自衛隊をすべて国連警察軍に常時編入することにより、われわれは憲法を犯すことなしに、国連の下で「海外派兵」を行うこともできよう。[30]

自衛隊は縮小した上で国連警察軍に編入させる。そうすることで、自衛隊を国連警察軍として派兵することが可能になると言うのである。国連の役割を重視することで、自衛隊と米軍基地という憲法の理念に沿わない難問に、解決の筋道をつけようとしたのだった。坂本の議論は、「核戦争の危機」、「中立」、「国連への期待」という点で、一九五〇年代初頭の平和問題談話会の構想を継承していたが、「非武装」の主張とは一線を画す「防衛論」だった。

戦争体験の世代差

一九五〇年代の後半は、戦争体験をめぐる世代差が浮き彫りになりつつある時期だった。戦争が終わって一〇年以上の歳月が流れ、戦後に精神形成をした若い世代が積極的に発言をし始めていた。従来、憲法の平和主義とそれを基盤にする戦後の平和運動を支える共通体験としての戦争体験は、社会のなかで確固たる位置を占めていた。しかし、一九五〇年代後半には、戦後に精神形成をした若い世代が新たな書き手として論壇に登場していた。戦争体験を基盤にした思想や言論の自明性が、疑われ始めたのである。

一九五九年に開催されたある座談会では、戦争文学と戦争体験が話題になった。小説家の石原慎太郎（一九三二〜）は、戦中派世代にあたる評論家の村上兵衛（一九二三〜二〇〇三）に対して、次のように述べている。

石原　戦争というのは、要するに人間の存在にとって極限的な状況で、その中でそれを摑むことは案外イージーなんですよ。ところが今日では人間の存在がはるかに稀薄になっている。戦争中よりも現代のほうが人間の存在は稀薄だと思うんですよ。戦争は文学にとっても泣きどころみたいなもので、その中の人間を書けば一応の感動というものを受けるでしょう。小説家はいつもそういうところでしか仕事をしていない。

村上　だけれどもそういう点は、僕らのように戦争の時代を経てきた人間からいうと、まだ一つも戦争が書かれていないという不満があるでしょう。

石原　それはあるでしょうけれども、今になってまだ戦争ばかり書いて、どうなるんですか。[31]

極限状況である戦争体験を掴むのは「イージー」であるという石原にしてみれば、戦争体験にこだわる戦中派世代が、「今になってまだ戦争ばかり書いて」いるように見えた。また、小説家の大江健三郎（一九三五〜）は戦中派の印象を次のように述べている。

戦中派という言葉があって、非常に僕は興味を持っているんですけれども、戦中派は戦争時代にその人間の八〇パーセントが出来上ったという意識があるのだと思います。そういう意味で、自分の軀のなかで、戦争は終わっていないと思うほか確固とした生き方がないというのじゃないかと思うんです。そういう人たちの立場は多かれ少なかれ傾向として、戦時に回顧的なんですね。[32]

当然、戦中派世代は、石原や大江のこうした発言を、戦争体験の軽視、あるいは無理解として受け止めた。安保条約をめぐって日本の針路に関する議論が大きく盛り上がるなか、これまで自明視されてきた戦争体験をめぐっては世代間に微妙な亀裂が走り始めていた。そして、戦争体験をめぐる世代差は、この後の一九六〇年代に、大きな断絶になっていくのである。

六〇年安保闘争

前述のように、知識人や社会党、共産党とその支持団体が安保改定に反対の声を上げていた。他方で、保守政党の支持者のなかにも、反米ナショナリズムから安保改定に反対する者が存在した。さらに、岸信介が戦時期に閣僚を務め、戦後は戦犯に指定された人間だったことも、反対運動を後押しした。

こうした状況で、安保条約の改定は「安全保障」の問題を超え、幅広い人びとの反対運動を呼び起こすことになる。「安保改定阻止国民会議」を結成した社会党と総評に加え、共産党、全学連も反対運動に合流し、ジャーナリズムもこれを後押しした。

社会学者で、五〇年代の「平和」をめぐる議論の先導役だった清水幾太郎は安保改定をめぐる国会論戦を傍聴したときに、国民による請願運動を夢見たとして次のように書き、請願を呼びかけている。

> 手に手に請願書を携えた日本人が、北は北海道から、南は九州から東京へ上って来て、長い行列を作って、提出の順番を待っている姿を、私は思い浮かべた。行列は議事堂を幾

重にも取り巻き、しかも、それは刻々に長くなって行く。全国の津々浦々から国会へ向って流れ始めた限りない人間の流れである。この流れが尽きないならば、この行列が限りなく続くならば、その時こそ、われわれは失望や絶望から救われるであろう。国会を正気に立ち戻らせることが出来るであろう。新安保条約の批准を食いとめることが出来るであろう。[33]

清水に代表される知識人たちの呼びかけも功を奏し、広範な人びとが「岸政権打倒」の旗印の下に結集した。ただし、安保闘争の過程では、反対運動内部の対立も明確になっていた。社会党右派が社会党から抜け、一九六〇年一月に独自に民主社会党を結成するなど、社会党も一枚岩ではなく、さらに共産党と全学連の学生たちとの対立も明らかになった。こうした内部対立を呼び込みつつも、安保闘争は全体としては大きなうねりとなり、国会に押し寄せたのだった。

盛り上がる反対の声を振り切って、自民党は一九六〇年五月一九日夜に安保の改定案を強行採決する。警官隊が本会議場に入って社会党議員を排除した上で、二〇日未明に改定案が可決された。この様子は、新聞、ラジオ、ニュース映画で報じられた。国民は、国会のなかで警官隊に力ずくで引きずり出される社会党議員の姿を見て、当然ながら強い違和感を持った。すでに安保改定案は可決されてしまい、一ヵ月後の自然承認は既定路線だった。それにもかかわらず、反対運動は大きなうねりとなった。安保条約に賛成か反対かという次元を超え、岸内閣の強権的な政治姿勢に対する反対の声が上がり、戦後最大の運動になっていったのである。

六月一五日には、東大生の樺《かんば》美智子（一九三七～六〇）がデモ隊と機動隊との小競り合いに巻き込まれて死亡し、それがまた反対運動を激化させた。国会構内に突入するかという激しい反対運動に対して、岸政権は自衛隊の出動を要請。防衛庁は事態を悪化させることになるだろうと判断し、出動要請を断った。しかし、日米安保の改定は最終的に自然承認され、それを見届けた岸信介は退陣を発表した。

結果として、新安保条約は、旧安保条約にあった内乱条項の削除、アメリカによる日本防衛義務の明確化、事前協議制度の導入による日本の主権の確保、などを達成した。岸らが意図した日米の対等性の回復は、条約上ではある程度は確保されたのかもしれない。しかし、日本が東アジアにおける米軍の最前線基地の一つであり続け、国家防衛はアメリカに依存するという構造は変わることはなかった。

六〇年安保闘争は、「〈戦争体験〉と〈戦後体験〉の目覚めによる反対運動」と評価されることもあれば[34]、日本人の生活保守主義に根差したからこそ高まったとも評価される[35]。いずれにせよ、この闘争が、朝鮮戦争以来の日本の平和運動の到達点であったことは間違いない。「安保破棄」という目標は達成できなかったが、広範な国民運動は、戦後日本に「平和」意識が定着していたことの証左であり、この運動が一九六〇年以降の自民党政治を規定したことは間違いない。

1　憲法の制定過程とそこで行われた議論については、古関彰一『日本国憲法・検証1945－2000　資料と論点　第5巻　九条と安全保障』（小学館、二〇〇一年）を参考にした。
2　豊下楢彦・古関彰一『集団的自衛権と安全保障』岩波書店、二〇一四年、一一三頁。
3　第九〇回帝国議会衆議院帝国憲法改正案審議第一読会、一九四六年六月二六日、第六号。
4　山口二郎「戦後平和論の遺産」『世界』一九九三年一月号。酒井哲哉「『9条＝安保体制』の終焉：戦後日本外交と政党政治」『国際問題』三七二号、一九九一年三月。
5　『南原繁著作集』第九巻、二九頁。
6　『毎日新聞』一九四六年五月二七日。もっとも、この時期の世論調査は、調査方法やその精度に問題があったと言われる。しかし、当時の紙面から世論調査の結果を目にした多くの読者は、「七〇％」を「事実」として受け止めたと推測できる。
7　日高六郎「戦後日本の平和運動」『平和研究』第四号、一九七九年六月、五二頁。
8　石田雄『日本の政治と言葉 下』東京大学出版会、一九八九年、八四－八五頁。
9　横田喜三郎「時代遅れの中立論　平和日本はどこへ行く　三つの論戦」『読売新聞』一九四九年五月二七日、朝刊、二頁。
10　田岡良一「永世中立無価値か　平和日本はどこへ行く　三つの論戦」『読売新聞』一九四九年五月二七日、朝刊、二頁。
11　高畠通敏「戦後民主主義とは何だったのか」中村政則・天川晃・尹健次・五十嵐武士『戦後日本　占領と戦後改革　第4巻　戦後民主主義』岩波書店、一九九五年。
12　ジョン・W・ダワー「二つの『体制』のなかの平和と民主主義」アンドルー・ゴードン編、中村政則監訳『歴史としての戦後日本』上巻、みすず書房、二〇〇二年、五〇頁。
13　広島県編『原爆三十年』広島県、一九七六年。
14　平野義太郎「戦争と平和における科学の役割」『中央公論』一九四八年四月号、一二頁。
15　大嶽秀夫『再軍備とナショナリズム：戦後日本の防衛観』講談社、二〇〇五年、一六三頁。
16　小熊英二『〈民主〉と〈愛国〉：戦後日本のナショナリズムと公共性』新曜社、二〇〇二年、四七八－四七九頁。
17　岸信介『岸信介回顧録：保守合同と安保改定』廣済堂出版、一九八三年、九二頁。

18 「社説　憲法記念日を迎えて」『朝日新聞』一九五三年五月三日。
19 「社説　憲法記念日に際して」『毎日新聞』一九五三年五月三日。
20 「憲法改正に関する座談会」『東京新聞』一九五三年一二月三一日。
21 『朝日新聞』夕刊、一九五四年五月二〇日。
22 福田恆存「平和論にたいする疑問」『中央公論』一九五四年一二月号。引用は『福田恆存評論集第三巻　平和論にたいする疑問』麗澤大学出版会、二〇〇八年、一五四頁。
23 福田前掲論、一五五頁。
24 自由民主党編『自由民主党史　資料編』自由民主党、一九八六年、一〇頁。
25 大嶽秀夫『日本政治の対立軸：93年以降の政界再編の中で』中央公論新社、一九九九年。
26 蒲島郁夫・竹中佳彦『イデオロギー：現代政治学叢書8』東京大学出版会、二〇一二年、四-五頁。
27 ネール・ジャワーハルラール「周恩来氏との会談：平和地域とその五原則」『世界』一九五四年九月号。
28 久野収「日本における平和理論と平和運動」『世界』一九五四年一一月号。
29 福田恆存「それでも世界は変らない―民族主義とはなにか―」『文藝春秋』一九五七年一月号。
30 坂本義和『新版 核時代の国際政治』岩波書店、一九八二年、二三頁。
31 「座談会　怒れる若者たち」『文學界』一九五九年一〇月号。引用は、江藤淳『江藤淳全対話1　文学の流れの中で』小沢書店、一九七四年、九三頁。
32 江藤前掲書、九四頁。
33 清水幾太郎「いまこそ国会へ：請願のすすめ」『世界』一九六〇年五月号。引用は、『清水幾太郎著作集10：「運動」の内外・私の心の遍歴』講談社、一九九二年、一一九頁。
34 日高六郎編『１９６０年５月19日』岩波書店、一九六〇年、二四三頁。
35 石田雄『日本の政治と言葉 下』東京大学出版会、一九八九年、一一四頁。

第二章

「平和」の分離

一九六〇年〜七三年

できる。

「平和」の保守化

六〇年安保闘争を境にして、日本社会の「平和」をめぐる意識は変容し始めたとみることができる。

この時期の「平和」をめぐる議論の特徴として、保守政権による体制を追認する「平和」論が、「現実主義」や「安全保障」という言葉をまとって日本社会に定着し始めたことが挙げられる。六〇年代前半に進行した「平和」の保守化とでもいうべき現象は、その後、ベトナム反戦運動や大学生たちの異議申し立て運動から激しい批判を受けつつも確実に広がっていく。

では、一九六〇年代前半に、「平和」はどのように保守化していったのか。「平和」の保守化をもたらした要因について整理しておきたい。その要因は「新安保の成立」「経済の焦点化」「米ソの緊張」「論壇の変化」の四点に整理できる。

「新安保の成立」とは、前述したように岸内閣による新安保承認である。これにより、少なくとも以後一〇年にわたって日米関係の基盤が固定されることになり、冷戦構造を所与のものとして日本の位置を捉える態度を醸成していった。さらに、新安保の成立によって、特に若い世代の間で、平和運動を組織してきた政党や団体への不信が深まり、議会制民主主義への諦観や否定も広まった。

その一例として、安保闘争に参加した文芸評論家の江藤淳（一九三二～九九）を挙げることができる。江藤は、自身も参加した安保闘争の直後に「〝戦後〟知識人の破産」（『文藝春秋』一九六〇年一一月号）を発表し、「進歩的文化人」と平和運動を批判する側に回った。江藤は、安保闘争で指導的役割を担った「進歩的文化人」に対して、「平和」は「単に戦争の回避の連続という綱渡りを意味する」ことを認めるべきだと主張した。国際関係のなかで「平和」は相対的なものであらざるを得ず、憲法を掲げた「絶対平和」などあり得ないと述べたのである。

二点目は、岸信介の後継総理である池田勇人《はやと》（一八九九～一九六五）の政治姿勢である。これについては、やや説明を要する。

新安保承認後に退陣した岸信介の後を受けた池田内閣の政治姿勢は、「所得倍増計画」が示した経済優先の態度と「低姿勢」と表現されるコンセンサス重視の国会運営に集約される。安保改定をめぐる大規模な反対運動を経験した政治エリートたちは、国民の生活保守主義を刺激するのを避け、満足させる方策をとり、権威主義的だった岸政権からの方向転換をアピールした。加えて、池田首相をはじめとする主要閣僚は、憲法改正は考えていないと明言して、経済に注力する姿勢を鮮明にした。憲法改正を行わないという明言は、社会党との対立を緩和することにもなった。さらに、経済成長による国民の福祉充実は、社会党のお株を奪うものでもあった。これらを考慮すると、六〇年安保の高揚さめやらぬ社会党が長期的な低迷に陥っていく端緒も、六〇年代前半のこの時期だったと言えるかもしれない。ただし、当時は六〇年代のうちに社会党が政権をとる可能性があるという見方も存在していた。高度経済成長による人口移動とそれに伴う都市労働者の増加が、自民党の支持基盤である農村を弱体化させるかもしれないという見通しがあったからである。[1]

もっとも、高度経済成長は、一九五〇年代から通産省と大蔵省の官僚たちによって構想されていた。一九五五年に策定された「経済自立五ヵ年計画」と、五七年に策定された「新長期経済計画」が、高度成長の基盤になっていた。その基盤の上に、意欲ある民間企業の活力が作用したことが、高度成長の主要な要因だった。しかしながら、高度成長を可視化させ、社会に強くアピールすることに成功したという意味で、池田勇人が掲げた「所得倍増計画」の影響力は大きかった。加えて、自衛隊は存在したが、憲法九条という縛りがあるなかで、若く優秀な科学者やエンジニアが、軍事生産ではなく民間の製造業などに仕事を得ていった。これもまた、高度経済成長の重要な要因だったとされる。[2]

三点目は、米ソの冷戦構造に走った緊張である。一九六〇年のU2型機撃墜事件。一九六一年のソ連の核実験再開（ソ連は一九五八年から自発的に核実験を停止していた）や一九六二年のキューバ危機など、固定化した冷戦構造のなかで危機意識が高まった。一九五〇年代後半の東西の

「雪解け」ムードは、緊張をはらんで再び凍りつこうとしていた。

最後の四点目としては、論壇状況の変化が挙げられる。特に重要なのは、雑誌『中央公論』の現実主義路線である。『中央公論』は一九六〇年一二月号に、深沢七郎（一九一四〜八七）の小説「風流夢譚」を掲載したが、この作品が皇室を侮辱していると怒った右翼青年が、中央公論社の社長の自宅を襲撃し、家政婦が刺されて死亡するという事件が起こった。すでに六〇年一〇月、社会党の委員長だった浅沼稲次郎が演説中に壇上で右翼青年に刺されて死亡しており、右翼テロが社会問題になっていた矢先のことだった。その後、中央公論社は、雑誌『思想の科学』の天皇制特集号（一九六二年一月号）の発売を中止し、廃棄処分を行った。こうした一連の事件を経て、『中央公論』は方向転換を図る。方向転換を印象付けたのは、文芸評論家の林房雄（一九〇三〜七五）による「大東亜戦争肯定論」（『中央公論』一九六三年九月号）だった。林は一方では、アジア太平洋戦争を含む近代日本の戦争は、侵略戦争ではなくアジア解放戦争だったとして東京裁判に象徴される史観を否定しつつ、他方で、天皇の戦争責任を明確に指摘していた。こうした『中央公論』の方向転換によって、従来の論壇の常識からは外れた新たな若い書き手たちが登場する道が開かれたと言える。そして、一九六九年には文藝春秋社が『諸君！』を創刊し、保守論壇が自己完結した場所を持つようになる。

「新安保の成立」「経済の焦点化」「米ソの緊張」「論壇の変化」、これらの四点により、結果として安保と憲法の問題は国民の目から見えにくくなり、さらには「現実主義」と呼ばれる考え方が論壇で定着する条件が整ったのである。

「現実主義者」高坂正堯の登場

一九六〇年代の論壇で注目された「現実主義」とは、一言でいうと、米ソの冷戦構造のなかでアメリカ側の一翼を担う存在として日本を捉え、それを前提に今後の日本の針路を定めようという態度を指す。現状のパワー・ポリティクスの分析から出てくる提言は、国際政治や外交問題まで多岐に及ぶが、概して現状維持的な提言が多い。これに対して五〇年代に支配的だった、憲法に基づく平和論やそれに同調する国際政治論は「理想主義」と呼ばれるようになった。

一九六〇年代の初頭のこの時期、「現実主義」と「理想主義」という対立軸を立て、そこから議論を展開したのが国際政治学者の高坂正堯《こうさかまさたか》（一九三四〜九六）だった。高坂は、ハーバード大での在外研究から帰国した後、「現実主義者の平和論」を『中央公論』（一九六三年一月号）に発表した。若い「現実主義者」高坂の登場は論壇に衝撃を与え、「理想主義者」の坂本義和とならんで論壇の世代交代を印象づけた。[3]

高坂が言う「現実主義」とは、「理想主義」の対概念だった。では、「理想主義」とは何か。

高坂の理解では、日本の「中立」を主張して米軍の撤退を求める従来の革新派の態度のことだった。しかし、もし日本が中立を選び、米軍基地を撤退させ、なおかつ軍事力を持たないならば、「極東」における勢力均衡が破れ、「北朝鮮」が朝鮮半島を手中に収めるかもしれない。この問題を無視して「中立」を唱えるのは無責任だというのが高坂の議論だった。

「理想主義」に対して、高坂は「力の均衡」による「平和」を重視する。この観点から、安保条約は東アジアの勢力均衡に貢献しているものという評価が導き出されることになる。そして、高坂は「理想主義者たちは、国際社会における道義の役割を強調するのあまり、今なお国際社会を支配している権力政治への理解に欠けるところがありはしないだろうか。力によって支えられない理想は幻影に過ぎないということは、今なお変わらぬ真実ではないだろうか」と問題提起している。

「現実主義」の議論は、力の均衡をいかに達成するかという戦略的要素が強いため、理論的・合理的に見えやすい。それに対して、従来の平和運動はしばしば感覚や道徳的感情論の色彩が強いものになりがちだった。坂本義和が当時指摘したように、「心理主義」の陥穽《かんせい》がそこにあったのだと言える。それゆえ、「現実主義」のインパクトは大きかった。高坂の「現実主義」的な理解は、平和運動の弱点を正確に突いたと言えるだろう。

ただし、高坂の議論は、安保体制を所与のものとする点では「理想主義者」とは相いれないが、その目指すところは「理想主義者」との接点も多い。高坂は、安保条約の存続を前提としながら、日本・共産党の中国・アメリカ・ソ連などが極東地域での相互不可侵条約を結ぶ「ロカルノ方式」をとり、「日本から米軍を次第に撤退させる」という提案をしているからだ。さらに、高坂は、極東における緊張緩和のシナリオとして、日中国交正常化、朝鮮半島における兵力削減、日本の非核武装宣言を挙げている。

米軍の撤退、日中国交正常化、朝鮮半島の軍縮、日本の非核武装宣言。高坂の議論から、これらの点だけを取り出せば、「理想主義者」の論文であると言っても通用するのではないか。事実、高坂の論文は、その書き出しこそ論争的体裁をとっているが、非武装中立を掲げた「理想主義者」たちを肯定的に評価している箇所もある。「中立論が日本の外交論議にもっとも寄与しうる点は、外交における理念の重要性を強調し、それによって、価値の問題を国際政治に導入したことにある」と評価した上で、「理想主義者」の欠点は「手段と目的との間の生き生きとした会話の欠如」にあると指摘したのだった。

高坂の吉田茂論と宮澤喜一の「安保効用論」

続いて高坂は、「宰相吉田茂論」（『中央公論』一九六四年二月号）を発表した。この論考のなかで高坂は、憲法前文と第九条に代表される平和主義と日米安全保障条約に代表されるアメリカへの依存を両立させるという吉田茂の路線を肯定的に捉えている。現在から見るとこうした吉田評価は当たり前に思えるかもしれないが、一九六四年の時点では、この議論は十分に刺激的なものだった。当時の論壇では、戦後日本のねじれを生んだ元凶として吉田茂を否定する態度はあっても、肯定する議論はほとんど存在しなかったからである。

前章で確認したように、講和をめぐる議論においては、九条を字義通り受け止める「非武装中立」論と、その反対に憲法そのものを変えて自前の軍隊を持とうとする改憲論が存在したが、吉田茂はそのどちらをも選択しなかった。これを評して、高坂は「吉田の立場は論理的にあいまいであった」と述べている。[4]「論理的にはあいまいな立場を断固として貫くことによって、経済中心主義というユニークな生き方を根付かせたのである」と述べ、吉田茂の態度を「商人的国際政治観」と呼んだのである。[5]そして、「現在では国際政治における軍事力そのものが、人間にとって大きな問題を与え、そしてだれもまだそれに対して明快な解答を提出していない以上、憲法第九条についてあいまいな状況が、日本に存在するほうがよいかも知れない」という評価を下した。[6]そのほうが、軍備の危険性が指摘され続け、軍備に関する監視の緊張が緩まないというのである。否定的に言及されがちな「あいまいさ」に積極的な意義を見出す高坂の着眼は、鮮やかな意外性を持つようにみえるが、現状維持的な提言でもあった。

こうした高坂の理解が、自民党政権に資するものだったのは言うまでもないことで、「保守本流の最も良質のイデオローグ」と評価されたのも頷ける。[7] ただし、高坂が使った「商人的」という言葉は、多くの人びとの心情に沿うものであったということも否定できない。憲法の平和主義と日米安保の併存にはあいまいさが残るが、それによって日本が一応の「平和」を享受し、繁栄に向かうのであれば良いではないか。それが自分たちの「得」になるではないか。高坂は、自民党政権を支えた多くの人びとの心情の一側面を、うまく言い当てていたのである。

高坂正堯の登場と同じ時期、池田勇人の側近だった宮澤喜一（一九一九～二〇〇七）が「安保効用論」を展開していた。宮澤は、日米安保体制の「効用」を（1）日本の平和と安全が守られてきたという「事実」、（2）非生産的な軍事支出を最小限にとどめて経済発展に集中できた、という二点にまとめて「安保の効用は実証済み」だと述べていた。[8] さらに、吉田茂について、以下のように評価している。

吉田氏の思想は、戦後のわが国の安全は、国民生活水準の向上と国内経済の繁栄を第一の要件とするのであって、本格的な軍備を再開することは経済復興にとって重荷になるから避けねばならぬ、むしろ志を同じくし領土的野心を持たぬ国によって、わが国の安全保障を図りつつ、わが国としては資源と資金を国民生活の向上に注ぎ込むべきであるというところにあった。[9]

宮澤の議論は、ほとんど高坂と変わらないが、政府与党の政治家が口にしたことには深い意味がある。「低姿勢」と呼ばれた池田勇人の方針をアピールしながら、「効用」という言葉で国民の生活意識を巧みに刺激したのである。また、宮澤は自身が関わった日米外交の現場で、アメリカ政府高官から再軍備を求められることがあったが、それを拒絶する際に、「憲法第九条はまさに恰好な自衛の武器」として機能したと述べている。一九六〇年代中頃のこの時期、高坂や宮澤のような「現実主義」的な理解が、一種の「平和」論として定着し始めていたのだった。政治学者の酒井哲哉（一九五八〜）が指摘するように、一九六〇年代半ば以降、憲法九条と日米安保を矛盾ではなくて並立するものだと理解する暗黙の合意が形成されていったと言えるだろう。[10]

『砂の女』と『個人的な体験』と革新自治体

六〇年安保後の状況転換の一つとして、革新自治体の増加が挙げられる。[11] 自治体の選挙で、社会党か共産党、あるいはその連合が母体となって擁立した候補者が当選した場合、その自治体は革新自治体と呼ばれた。

経済成長を優先する自民党に対して、革新政党は社会福祉の充実を訴えることで、対立軸をつくろうとしていた。この方針が実ったのは、国政ではなくて地方政治だった。一九六三年の統一地方選挙では、大阪市、横浜市、北九州市などで革新陣営の候補者が当選し、以後、六〇年代を通して、革新首長が生まれた。これらの自治体は、老人医療の無料化、敬老年金の支給などの福祉政策を進めていった。革新自治体の登場と増加は、安保闘争後の社会が「地方」という自分たちの足場に目を向けた結果でもあった。

六〇年安保以後、「何かが徐々に変わり始めている」という予感は、作家たちの感性と想像力によっても捉えられていた。

前衛的な作風で広く知られる安部公房《こうぼう》（一九二四〜九三）の小説『砂の女』（新潮社、一九六二年）は、昆虫採集に来た男がある集落に迷い込み、砂の穴に落ちるところから始まる。蟻地獄のような砂の穴に監禁された男は、穴に住む一人の女との共同生活を余儀なくされる。物語の終盤、穴の底に出た男は、心変わりして砂の穴にとどまることを決意する。

内と外との境界を越える思考に到達したかにみえる男を描いた『砂の女』は、共産党系の文学者たちからは「革命を諦めた人間を書いている」というような批判を受けるが、安部の狙いはそこにはなかった。目標に向かって直線的に進むのではなく、まず自らの手の届く範囲から始めること、自分の手の「感触」を見極めることを重視したのではないか。

同様のことは、大江健三郎の小説『個人的な体験』（新潮社、一九六四年）にも指摘できる。五〇年代後半に小説を発表し始めたときの大江の主題は「監禁状態」だった。日本の青年が「閉ざされた壁のなか」にいると理解した大江は、若者の閉塞感とそこからの脱出願望、そしてその破滅を執拗《しつよう》に書き続けた。一九六四年に発表された『個人的な体験』の主人公も、その意味では大江の初期小説の主人公たちと同じ心情を共有している。主人公は、「アフリカに旅行して現地人のガイドを傭う夢」を持って生きる青年だ。しかし、主人公は脳に障害を持って生まれた子どもと向き合う過程で、考え方を改める。最後には「日本へやってくる外国人のための、現地人のガイド役をやろうと思う」と述べるに至るのである。大江は実生活で障害を抱えた息子と共に生きており、小説はその反映でもあった。しかし、その時代に広く読まれた文学作品は、小説家の実生活や思想信条とは別に、時代の表現として読むこともできるだろう。

安部も大江も、性急に閉塞を打破したり脱出したりする方向性ではなく、状況にとどまり、手の届く範囲から生活を変えていこうとする人間像を描いた[12]。現実を劇的に変えるような想像力に、作家たちはリアリティを見出せなくなっていたのかもしれない。それは、一見したところ、六〇年安保後に広まった「現実主義」的態度と軌を一にしているように見える。しかし、内実は似て非なるものだ。『砂の女』も『個人的な体験』も、イデオロギーや理論から世界を見るのではなく、自らの立ち位置を掘り起こし、そこから世界を批判的にまなざしていくという宣言でもあった。こうした姿勢は、その後のベトナム反戦運動にも通底するものだと言える。

原水禁運動の分裂から中国の核武装まで

「現実主義」的な「平和」理解が一定の支持を集めるなか、一九五〇年代から続く反戦平和運動の象徴である原水爆禁止運動は、大きな転機を迎えていた。当初の「草の根の平和運動」から、次第に政治色が濃くなっていき、とうとう分裂してしまうのである。

初期の原水爆禁止運動は、「原水爆禁止」というシングルイシューを押し出すことで、憲法と安保という政治対立を回避することができた。しかし、五〇年代末に安保闘争が激しくなると、原水禁運動も安保の問題に向き合わざるを得なくなった。各地域の原水禁運動を支えていた原水爆禁止日本協議会（原水協）の人びとが、安保反対と賛成とで二分したのである。[13] こうして原水禁運動から保守層が去ったことで、運動は政治色を増すことになる。一九六〇年に開催された第六回原水爆禁止世界大会の決議文では、「アメリカ帝国主義」というアメリカを非難する言葉が使用されるに至った。この例が示すように、運動は急速に左傾化していったのである。

その後、一九六一年九月にソ連が核実験を行うと、その評価をめぐって、運動内部に潜在していた対立が、一気に表面化した。あらゆる核実験に反対する立場をとった社会党・総評と、ソ連の核を容認した共産党が真っ向から対立したのである。一九六二年の第八回世界大会では、大会開催中にソ連が核実験を行い、社会党・総評系の代表者たちはこれに対して抗議すべく緊急動議を提出したが採択されず、退場する。もはや原水協は組織として機能不全に陥り、一九六三年の第九回原水爆禁止世界大会では、原水協から社会党・総評系が脱退、原水爆禁止国民会議（原水禁）を設立する。保守系は、核兵器禁止平和建設国民会議（核禁会議）を設立した。これにより原水協には共産党系が残ることになった。こうして、原水爆禁止運動は、一九六〇年代前半に三派に分かれたのである。

ただし、これらはあくまで分裂であって、消滅ではなかった。原水禁運動は方針の違いにより分裂して世論の失望を招いたが、それでも両者は「原水爆禁止」の旗印を取り下げなかった。しかし、この分裂は、当時の社会では、政治に引き裂かれた「平和」として、失望とともに受け止められたと言える。

そして、一九六四年一〇月には、日本社会の「平和」意識を脅かす新たな核の脅威が生まれた。中国が核実験を成功させたというニュースが届いたのである。東京オリンピックを開催し、経済大国への道を突き進む日本は、軍事大国化していく隣国の中国を以前にもまして脅威だと見なすようになる。核実験前の中国に対しては、日本軍による加害の贖罪《しょくざい》意識や社会主義への期待に基づいて、知識人たちから一定の共感が示されてきたが、こうした共感も、中国の核保有により揺らぎ始めた。

皮肉なことに、隣国の核武装は、「力の均衡」を掲げる「現実主義」の「平和」論がよりいっそう人口に膾炙する要因にもなった。高坂正堯は中国の核武装について述べた文章のなかで、「日本の安全保障は、核兵器を持つことなく、かつ現在の軍備を強化することなしに保障されうるであろう。力の役割と防衛の必要性を認める立場から、アメリカとの適切な協力関係を続け、日本自身は間接侵略に有効に対処するだけの能力を持てば、安全は保障されうることを私は強調したい」として、日米安保と自衛隊の両立を主張した。[14]

永井陽之助「平和」のための連帯責任

中国の核武装後の論壇に新たに登場した「現実主義」者が、永井陽之助（一九二四〜二〇〇八）である。[15]戦時中は仙台二高でドイツロマン主義・神秘主義に影響を受け、台湾から復員後に東大法学部に進んだという経歴を持つ永井は、世代的には「戦中派」に属する政治学者だった。永井は、留学中のアメリカでキューバ危機の緊迫感を経験した後に帰国し、『中央公論』を足掛かりに論壇で言論活動を始めていった。かろうじて「理想主義」との接点を有していた高坂に対して、永井は日本の防衛力の必要性を明言する冷徹な「現実主義」者として登場し、論壇に大きな衝撃を与えた。

永井の主張は、日本は主体的に東アジアの集団安全保障に貢献すべきだというものだった。永井は、「正直にいって、日本は、現在なお、半主権国家であり、国際社会における意思決定の完全な主体（独立国）とはなっていない」と述べるとともに、現在の日本の防衛観を利己的だと繰り返し批判している。[16]

> 戦後われわれ日本人が、いかに国際的責任感と、平和への連帯意識を喪失し、一種の孤立主義におちいっているかの証拠である。国連中心の日本が、海外派兵の義務を拒否して、権利のみ主張する態度にもそれがあらわれているが、防衛とは、自国のためだけでは決してないのだ。隣人のためなのである。アメリカのためであり、ソ連、中国のためであり、南北朝鮮、台湾、あるいは東南アジア諸国民のためでもある。[17]

永井が繰り返したのは、一言でいうと「日本の平和と独立のためには防衛力が必要であり、それは世界の平和にもつながる」ということに尽きる。集団安全保障体制の意義を説く永井の主張は、保守政権の「ホンネ」を代弁している部分もあり、多くの人びとの関心を集めた。また、九〇年代の湾岸戦争時に起こった自衛隊の海外派兵をめぐる議論や、二〇一〇年代の集団的自衛権をめぐる議論を先取りしていたとも言える。当然ながら、この問題は、憲法九条の下で自衛隊を持つ以上、避けては通れないものだった。

では、永井は憲法九条についてどのように発言したのか。「日本国憲法第九条は、その解釈論議は別として、素人の素朴な感想では、現在の自衛隊の存在を否定している規定であると思う」というのが永井の理解だった。[18] 防衛力は必要だと主張する永井の立論は、当然のことながら憲法は改正されるべきだという方向に進む。「要は、日本国民の将来についての設計と構想力の開発であって、新しい憲法を自らの手でつくる運動を通して、民族の独立と民主主義の貫徹という秩序形成の主体意識が、国民各自のものとなる」として、自主憲法の制定に向けた議論を各政党、各団体が始めるべきだと提案している。[19]

ただし、永井は、自民党が憲法改正を言うのは、戦後二〇年の自らの業績を自ら否定するようなものであり、保守は保守らしく戦後体制を保守する側に回るのが「スジ」だと言う。そして、憲法改正のイニシアチブをとるのは、むしろ共産党であると述べる。なぜなら憲法制定時に「民族独立」の価値を主張し、吉田茂に対し「自衛戦争まで放棄しているのはゆきすぎではないか」と述べていたのは共産党（の野坂参三）だったからだ、というのが永井の立論だった。

永井の意図はどうであれ、この議論は自民党政権にとって極めて都合の良い議論であることは確かだった。六〇年安保後、国民感情に配慮して改憲問題を争点から外した自民党に対してはそのままで良いと言いながら、護憲を掲げてきた野党に対して憲法改正の対案を出せと述べているからである。

こうして、六〇年代の中頃、高坂に続いて永井陽之助が登場して、「現実主義」が確実に論壇の一角を占めるようになった。両者は丸山眞男に代わる「ドライな科学的政治学」と評され、「戦後は本当に終わった」[20]と評されたのである。

坂本義和・丸山眞男・小田実による「現実主義」批判

「現実主義」者と呼ばれた政治学者たちの発言力が増せば増すほど、「現実主義」への批判も大きくなっていった。「現実主義」への批判に誌面を提供したのは、岩波書店の『世界』だった。

坂本義和は、「『力の均衡』の虚構」(『世界』一九六五年三月号)のなかで、「現実主義」の「保守性」を指摘するとともに、「現実主義」が「民衆」を軽視している点を批判した。坂本の議論を要約しよう。

軍事力が「抑止」機能を果たし、「平和」を保障しているように見える場合も、そこには双方に合理的な政策決定者と責任ある権力とが存在するという前提が必要である。つまり、対立する両者がともに合理的判断を行うという前提に立って初めて、抑止力による均衡が成り立つ。では、政策決定者を選び、それを監視するのは誰か。それは民主主義国家を生きる人びとに他ならない。「現実主義」は、力の均衡が「平和」をもたらすと主張するが、その主張を支えているのは核兵器や軍備だけではない。「民衆」による権力のコントロールも重要な要素ではないか。「現実主義」はそれを全く考慮の外に置いている。

このような坂本の議論は、作家で平和運動家としても知られる小田実《まこと》（一九三二～二〇〇七）にも共有されていた。小田は、坂本の議論を踏まえて、「現実主義」に対して批判を展開している。

「現実主義」の政治的態度は、あたえられた現状をたとえばその根本的存在理由を追究することなくあるがままに容認し、その容認の上に政策をうちたてて行こうとする態度だが、「現実主義」者の眼に入る現状は実際に見える現状であることが多く（つまり、民衆の平和運動の眼に見えない抑止効果などを、彼は、たいていの場合、問題にしない）、そして、そうした現状はたいがいは国家原理によってきずかれて来た現状なのだ。彼はその現状に根本的疑問を発しない。その容認の上に、彼の思考をかたちづくり、政策をくみたてる。[21]

国家を主体にした「現実主義」は極めて現状維持的な態度であり、それでは「平和」は得られないという主張である。小田は、「民衆」や「市民」と呼ばれる集団を重視し、国家による暴力を否定することで「平和」を立ち上げようとしたのだった。

憲法九条に立ち返ることで、軍事力による力の均衡を前提とする議論に警鐘を鳴らしたのは、丸山眞男だった。丸山は「憲法第九条をめぐる若干の考察」（『世界』一九六五年六月号）のなかで、憲法の理念に立ち返って「現実主義」的な「平和」理解を批判した。憲法の前文を取り上げ、「ここでは、現実のパワーポリティックス、およびパワーポリティックスの上に立った国際関係が不動の所与として前提されて、そのなかで日本の地位が指定されているのではない」と述べている。[22]また、「世界は早晩戦争の惨禍に目を覚まし、日本に倣うであろう」という当時の総理大臣幣原喜重郎の言葉を取り上げ、「幣原さんの右の思想は、熱核兵器時代における第九条の新しい意味を予見し、むしろ国際社会におけるバンガードの使命を日本に託したものであります」と評価している。[23]

こうした文系の知識人による批判は、湯川秀樹（一九〇七～八一）や朝永《ともなが》振一郎（一九〇六～七九）など核兵器について発言してきた科学者たちにも共有されていた。

国家の安全を「力の均衡」によって保障しようとする考えは、必然的に無制限の軍備競争をひきおこし、従って、平和をうち立てることを不可能にします。永続する平和を創り出し、新しい世界秩序をうち立てるためには、諸国家の利益や価値体系の共通点をみいだし、その増大を目指すという相互信頼の立場にたつことが不可欠であります。しかもこのことは単なる理想論ではなく現実的根拠をもっていることを私たちは主張したいと思います。[24]

国家による最大の暴力装置である核兵器に反対し続けてきた科学者たちも、「現実主義」の考え方が日本社会に広まることを危惧していたことがわかる。

では、『世界』に集う知識人たちからの批判に「現実主義」はどのように応えたのだろうか。永井陽之助は「日本外交における拘束と選択」（『中央公論』一九六六年三月号）で、「力の均衡」が現状維持政策であって保守的であるという坂本の批判を受け入れながらも、大戦争を阻止し、そこに巻き込まれないための「力の均衡」なのだと力説している。

「力の均衡」システムは、むしろ、戦争（限定戦争）を前提としてつくられた一種の抑止と制御のシステムなのであって、戦争が防げないのは、当然である。しかし、少なくとも、そのシステムは、全面戦争、ないし、国際体系それ自身を変革するような大戦争を抑止すべく、つくられた巧妙なシステムであったことはまちがいない。[25]

「戦争が防げないのは、当然である」との言葉は、対話の拒否を意味していた。以後、「安全保障」という言葉は、軍事を前提にした「国家安全保障」を意味するものとして受け止められ、特にアメリカの軍事力を念頭に置いた議論に対して使われていく。一九六〇年代以降、国家・軍事・アメリカを議論の前提にした保守派たちの議論は、「平和」論としてではなく、「安全保障」論として受け止められたのである。[26] したがって、こうした態度に批判的な議論は、「安全保障」の語を避けて、「平和」という言葉を使用する傾向が強まった。「現実主義」と「理想主義」の「平和」をめぐる議論は、それぞれ安全保障論と非武装中立論として個別に展開していくことになり、公の場での有益な対話はほとんど行われなくなる。[27]

佐藤栄作「平和国家」の僭称

「現実主義」が論壇の一角を占めた一九六〇年代の日本において、総理大臣であり続けたのは岸信介の実弟である佐藤栄作（一九〇一～七五）だった。病気のため、東京オリンピック後に辞意を表明した池田勇人の後を継いだ佐藤は、首相就任時から「寛容と調和」を掲げ、池田勇人の路線を引き継ぐと明言していた。就任最初の記者会見では、「私が首相になると、憲法改正を提案するとみる人があるが、憲法改正は簡単な問題ではない。新憲法の精神は現在国民の血となり、肉となっている」と発言して、憲法改正に否定的な発言をした[28]。所信表明演説でも、「平和に徹し自由を守り、自主外交を展開し、世界の福祉の向上に貢献することを、わが国の基本姿勢にしたいと思う」と述べ、「わが国は、世界唯一の原子爆弾被災国として、終始一貫、あらゆる国の核実験に反対し続けてきた」と胸を張った。さらに、六五年八月には戦後の首相として初めて沖縄を訪問、「沖縄の祖国復帰が実現しない限り、わが国にとって戦後は終わっていない」と述べた。一九七〇年に開催された国連総会に参加した際の演説でも、国連憲章と日本の憲法とが共通の平和主義を掲げていると述べ、「平和」という言葉を何度も繰り返した[29]。

このように、「平和」を掲げ続けた佐藤内閣だったが、なかでもその「平和」志向を代表するのは、「非核三原則」であろう。そもそも、「非核三原則」は、一九六七年一二月の国会で、小笠原諸島の返還をめぐる議論の際に答弁に立った佐藤首相が口にしたものである。佐藤は「私どもは核の三原則、核を製造せず、核を持たない、持ち込みをゆるさない、これははっきり言っている」と述べ、翌年一月の施政方針演説でもこれを確認していた。この「非核三原則」は、沖縄返還交渉にも影響を与えていた。沖縄の米軍基地に配備されている核兵器の処遇が問題になったからである。アメリカの戦略から言えば、沖縄の基地が現状のままであることが望ましく、核兵器と基地を保持したまま沖縄を日本に返還したかった。しかし、日本には「核アレルギー」がある。核兵器を配備したままの返還は、国内世論が認めないであろう。そこで、佐藤首相が選択したのは、国内向けには「非核三原則」を掲げて世論の同意を引き出した上で、沖縄返還協定を国会で通すという選択肢であった。

このように「非核三原則」を掲げた佐藤政権は、他方で「核の傘」の有効性を明言していた。一九六八年一月、衆議院本会議で核政策について問われた佐藤栄作は、まず「非核三原則」と核軍縮への貢献について述べ、その後にアメリカの核抑止力への依存について言及した。いわゆる「核の傘」を認めたのは、歴代内閣で初めてのことだった。「非核三原則」を掲げながら「核の傘」に入るのが有効だと述べるのは、端的に言って矛盾であるが、佐藤はそれが日本にとっては「得」なのだと言わんばかりの態度を選んだ。「平和国家」の欺瞞を欺瞞として理解しないという方針を、率先して選択したのである。[30]

こうした一連の「平和」アピールによって、佐藤は首相退任後の一九七四年にノーベル平和賞を受賞している。太平洋地域の平和確立のための核拡散防止や核兵器反対のアピールなどにより国際和解を推進した、というのが受賞理由だった。しかし、野党側は佐藤栄作のノーベル平和賞受賞に強い疑問を抱いた。革新陣営から見れば、佐藤栄作は、日米軍事同盟を強化し、ベトナム戦争を支持し、アメリカの原子力潜水艦の寄港を許可し、核の傘の有効性を認めた総理大臣であり、ノーベル平和賞どころか、「平和」に逆行する人物だったからである。

こうした反対意見もあったが、日本社会は佐藤のノーベル平和賞受賞を歓迎した。『朝日新聞』の社説は、ノーベル平和賞に疑問を呈しながらも、「日本国民は平和憲法を守り、育て、いまでは国民の間にそれが定着しているといってよい。この日本国民に、平和賞が贈られたということではないのか。佐藤氏自身、平和に徹してきた日本人の代表として受賞したものと思う、と語った。この受けとり方は正しい」として、「日本国民の受賞」を強調している。「平和国家日本」という心地よい物語がいかに強い力を持っていたのかを如実に示す社説である。

池田政権から引き続き、憲法問題を政治の争点にすることなく、むしろ「平和」を押し出す方向に向かった佐藤の政治姿勢は、有権者の支持を得て、戦後最長の長期政権になった。では、佐藤政権の「平和」に向けた取り組みはどのように評価できるだろうか。

佐藤栄作は、「昭和元禄《げんろく》」とも呼ばれた繁栄とその享楽を積極的に「平和」へと結びつけることで、「平和」という言葉を保守政権による国民統合のイデオロギーとして機能させた。敗戦直後に「平和」という言葉が持っていた輝かしい響きは、ほとんど存在しない。また、平和運動が担った、基地反対や日米安保への批判の意味合いも、そこには見られない。佐藤政権下の日本において、「平和」という言葉は、自由や民主主義や福祉や幸福といったあらゆるポジティブな概念を飲み込んで広がっていった。その結果、「平和」の意味するところは、あいまいになった。そして、「平和」という言葉がかつて持っていた「反戦」という含意は、急速に色あせようとしていた。

こうした状況に対して、ベトナム反戦運動のなかから鋭い疑義が提出されることになるのだが、それを確認する前に、一九六〇年代半ばの日本における「平和」意識を、政治エリートたちの実践とは異なる側面から考えるため、ここで一本の映画を取り上げたい。高倉健（一九三一～二〇一四）が主演を務めた任侠《にんきょう》映画シリーズの第一作、『昭和残侠伝』（東映、一九六五年一〇月）である。

『昭和残侠伝』と「平和」

『昭和残侠伝』は、この時期に乱造された任侠映画の常で、ストーリーはわかりやすい勧善懲悪である。しかし、注目したいのはその点ではなく、この映画が描く戦後日本のあいまいな「平和」の姿だ。

『昭和残侠伝』の舞台は終戦直後の東京、浅草だ。地域の住民や商人たちに慕われる組の親分が、縄張り争いが原因で、敵対する組に殺されてしまう。親分を失い悲嘆にくれる組に、主人

公の「清次」が戦地から戻ってくる。親分の遺書には、「清次」に跡目を継いでほしいという願いと、「最後の最後まであらそいごとは起こすまじきこと」という一種の戒律が書き込まれていた。この戒律は「清次」によって意味深げに復唱され、観客にも強い印象が残るように演出されている。その後、若い衆に「親分のうらみをどうやって晴らすんです?」と詰め寄られると、「清次」は「バリバリ働くんだよ!」と言い返す。「清次」は敵対する組との縄張り争いでも、遺書の命令を忠実に実践することになる。一触即発の状況でも、暴力に訴えることなく、地面に寝転がってそこから動かないという方法で抵抗を貫くのである。

　こうした演出からは、高倉健演じる「清次」と戦後日本とを重ねようという意図を読み取ることができる。渡世の仁義を重んじる昔ながらの組に帰ってきた復員兵が、「あらそいごとはしない」という突然の遺言を忠実に守る姿は、敗戦後に憲法九条を持つに至った日本の姿と重なる。また、「バリバリ働く」ことが、親分のうらみを晴らすことにもつながるというのは、まさに高度経済成長によって達成されつつあった経済「大国」という意識を意味していると受け取ることができる。

しかし、任侠映画の常で、敵対する組の蛮行に耐えかねた「清次」は、客分と二人で敵の事務所に乗り込んでいく。最後の最後に暴力が爆発して、観客にカタルシスをもたらす仕掛けになっているのである。そして、「清次」は当然ながら逮捕される。映画のラストシーンは、「清次」の出所を待つ人びとが、新しいマーケットの前でにこやかに談笑し、そこに「平和」の象徴たる白いハトが飛び立つという場面である。

大衆娯楽映画の常で、暴力の担い手は特殊集団である「任侠」に外部化され、一般市民はそれに巻き込まれることはあっても、基本的に反抗することはない。非暴力を貫こうという意思が破れ、最後に暴力が爆発しても、あくまでそれは一般市民とは関わりのない場所で起こる出来事である。では、「清次」たちは、敵の暴力にどのように対応すべきだったのかという問題は、最後に唐突に挿入される「平和」のメッセージのなかで、あいまいなまま投げ出されるが、それでも一応の終わりとして成立してしまう。「『平和』のメッセージを出しておけばいい」という安易さは、期せずして、日本社会の「平和」のあいまいさを露呈させてしまっている。もちろん、多くの観客は高倉健が怒りを爆発させるところを観に来るのであって、「平和」を観に来ているわけではない。しかし、任侠映画にも自然に「平和」を表す記号がちりばめられている点に、「当たり前になった平和」の存在を見出すことができるのではないか。その意味で、『昭和残侠伝』は、戦後日本の「平和」を端的に表す作品になっているのである。

佐藤政権下で定着したあいまいな「平和」と、人気任侠映画シリーズの第一作である『昭和残侠伝』の「平和」との類似を確認したが、同時期にはこうした「平和」を鋭く問い直す運動が胎動し始めていた。

ベトナム反戦運動と「平和」の問い直し

第二次世界大戦後、ベトナムでは、フランスに対する植民地独立戦争が続いていた。フランスの撤退後は、ホー・チ・ミン率いる北ベトナムとゴ・ディン・ジエムの南ベトナムに分かれた内戦状態となった。アメリカはベトナムの共産化を防ぐために南ベトナムを支援し、軍事介入を続けてきた。そして、一九六五年二月七日、アメリカは北ベトナムへの空爆を開始する。これを受けた佐藤栄作政権はすぐさまアメリカ支持を表明した。ベトナム戦争の本格化によって、米軍基地周辺の収入が増えただけでなく、アメリカや東南アジア諸国への日用品や鋼鉄の輸出が急増した。この「ベトナム特需」は、日本の高度経済成長のさらなる推進力となったのである。

北ベトナムへの空爆以降、ベトナム戦争への世界の関心はいっそう高まった。雑誌『世界』はジャーナリストの岡村昭彦（一九二九〜八五）による「南ヴェトナム戦線従軍記」を、『週刊朝日』は小説家の開高健《たけし》（一九三〇～八九）によるルポルタージュ「ベトナム戦記」を連載し、広い読者を獲得した。

こうしたベトナム戦争報道は、世界的な反戦運動を呼び起こした。日本でも、一九六五年四月末、「声なき声の会」、「わだつみ会」などの団体が合同でデモを行うことになり、小田実や開高健、哲学者で評論家の鶴見俊輔（一九二二～二〇一五）らが呼びかけ人となって「ベトナムに平和を！　市民文化団体連合（のちに「文化団体」の語が外れる。以下「ベ平連」と略記）が結成された。[31]「ベ平連」のスローガンは、「ベトナムに平和を！」「ベトナムはベトナム人の手に！」「日本政府はベトナム戦争に協力するな！」の三つだった。誰でも「ベ平連」を名乗ることができ、どこかにそれを統合する本部があるわけでもないという新しい運動の原理だった。また、どのようにして「生活保守主義」を「平和」につなげるかという問題に、自覚的に取り組んだ運動でもあった。「ベ平連」の支柱だった小田実は、六〇年安保闘争が「失敗」に終わった原因として、個人としての「私」と大義名分としての「公」とのつながりを把握できなかったという点を挙げ、従来の社会運動の特徴を次のように整理している。

まずその火のつき方のおそさ（まず「私生活」が大事なのだから、よほどのことがないかぎり「公」の目的のために身を乗り出そうとしない）。それにもかかわらず、いったん燃えひろがれば大規模に燃えること（「私生活」が侵されると人々が感じるとき、それは多くの人びとが感じるときだ）。しかし、ある一定の限度以上運動は深化しないこと（たとえば、弾圧がくれば、運動が長びけば、人は自分の「私生活」のなかに逃げ込んでしまう）。ストイシズム、悲壮感が少ないこと。したがって、挫折感もまた少ないこと。[32]

「べ平連」を立ち上げたとき、小田は「ふつうの人間」である「私」にこだわること（それを本書では「生活保守主義」と呼んでいる）から新たな力を起こすという挑戦を始めていたのである。結果として、この運動は、非暴力直接行動を通して市民的不服従を徹底する運動になった。それを象徴するのが、アメリカ兵の脱走支援である。高度成長期の日本社会で憲法問題が政治的争点にならず、「平和」の言葉が佐藤政権に取り込まれようとするなか、「べ平連」は「平和」という大義名分と「私」という個人的問題のつながりを、争点に押し上げたと言えるだろう。

さらに小田実は、広島と長崎に象徴される日本の反核「平和」運動が、実は日本とアメリカにとって都合の良いものだという批判を行っている。日本はアメリカに対して、アメリカが東京裁判でそうしたように、原爆投下の罪を告発する義務があるはずだが、それをしてこなかった。アメリカの加害体験と、日本自らの加害体験をともに告発することでしか、「人が人を殺してはならない」という普遍原理を身につけることはできない。しかし、「安らかに眠って下さい過ちは繰返しませぬから」という石碑の文言に代表される「平和」では、日本とアメリカの国家原理を追認するだけではないか、というのが、小田の議論だった。[33]

やや話が脇道に逸れるが、小田の主張を小説のなかで先取りしていたのが大江健三郎だった。大江は小説『日常生活の冒険』（『文學界』一九六三年二月号～六四年二月号）で、原爆を投下したアメリカ人を裁くという計画を口にする被爆者を描いていた。その被爆者は次のようにその計画を述べる。

原爆に直接責任のあるアメリカ人をひとりつかまえてきて、あのアパートの部屋で裁判しよう、と思っていたんです。裁判は全部、発信装置で東京じゅうに放送するんですよ。原爆を広島におとしたことについてトルーマン以下の責任あるアメリカ人を法廷によび出したことはないでしょう？　それをやろうかなあ、と思っていたんですよ。[34]

大江が原爆投下を裁くという発想を持ったのは、一九五五年に広島と長崎の五人の被爆者が、日本国を相手に原爆投下の国際法違反認定と、原爆被害の損害賠償を求めて訴訟を起こしていたことを背景にしている。この裁判は、一九六三年一二月に判決が下されたが、判決では、東京地裁は原爆投下の国際法違反を認めたものの、損害賠償請求は棄却した。しかし、それが「反米」意識であるかどうかは関係なく、被爆者が原爆投下の罪を問うべきは、アメリカであるはずではないか。大江は、小説のなかでそう問いかけていた。

話を戻すと、ベトナム反戦運動のなかで練り上げられた小田実の議論は、「平和」の祈りの象徴となっていた原爆体験が、実は戦後社会のなかで国家原理と結託していたことを看破するものであったと言える。

「平和」への違和感

一九六〇年代の半ば、佐藤栄作政権下で進んだ「平和」の体制化は当時の日本社会の価値観の一面を捉えていた。また、任侠映画のなかに自然に「平和」の記号が入り込むほど、「平和」は当たり前になっていた。こうした状況下で、小田実のように「平和」を問い直す議論も現れ始めていた。小田のような「平和」への違和感は、当時の日本社会で、ある程度は共有されていた。文学研究者で評論家の野口武彦（一九三七年〜）の議論を確認してみよう。

一九六五年のゴールデンウィーク。長崎を訪れた野口は、浦上の平和公園に立ち寄る。多くの観光客の一人として爆心地の記念碑の前にきた野口は、観光客たちがその前に立って嬉々として写真撮影を始めるのを目にした。観光客たちは、「満ち足りた、屈託のない表情」をして、そそくさと次の観光地を目指して去っていった。野口はその後、当時は国際文化会館にあった原爆資料館を見て回り、その屋上から長崎の街並みを見下ろした。

> 観光地平和公園の端麗なパノラマ。ここから見おろす春光うららかな地上に氾濫している「平和」。この「平和」ははるかに東京のそれにつながり、日本中に瀰漫しているのだろう。国際文化会館の屋上で、わたしはそのときはっきりと感じとった。いまわれわれが享楽しているこの「平和」は、どこかに、或るゆるしがたい欺瞞をふくんでいる。[35]

野口が感じた「或るゆるしがたい欺瞞」とは、いったい何だろうか。野口の文章から判断するに、それは次のような「欺瞞」だった。アメリカに守られ、韓国や中国との関係を修復できないままでいる戦後日本が、今度はベトナム戦争に加担しようとしている。しかし、少なくとも野口の周囲では、誰もそのことを意識しているようには見えない。戦争は遠い過去のものになり、被爆地を「観光地」として消費することも可能になってしまった。「平和」が人びとの思考停止を生んでいるのではないか。かつて達成すべきものとしてあった「平和」は、いまでは享受すべきものになっているのではないか。こうして、戦後日本の「平和」への違和感が表明される。

同様の違和感をより直接的に表現したのは、小説家の石原慎太郎だった。

笑止なことに、今日では「平和」が人間一般の理念とさえ信じられている。人間が自らの手で造り出し、育てすぎて今やおびえなくてはならぬ科学による戦争の恐怖が、平和と言う一つの理念を唯一絶対なものにしてしまった。そして、ある人間たちは彼らの利益に都合よく、その「平和」をぼかして作り出した「安逸」を、人間の生活に於ける唯一の理念にさえしてしまう。[36]

石原には、六〇年代の日本を生きる人びとが、「平和」から生まれた「安逸」のなかに居直っているように見えたのである。

さらに、三島由紀夫（一九二五～七〇）は、戦後二五年を総括する文章の中で、自分の二五年は空虚だったとして、次のように述べている。

二十五年前に私が憎んだものは、多少形を変えはしたが、今もあいかわらずしぶとく生き永らえている。生き永らえているどころか、おどろくべき繁殖力で日本中に完全に浸透してしまった。それは戦後民主主義とそこから生ずる偽善というおそるべきバチルスである。[37]

三島は、こうした「偽善」はアメリカの占領とともに終わると考えていたが、「おどろくべきことには、日本人は自ら進んでそれを自分の体質とすることを選んだ」のだと総括している。石原や三島のような「平和」理解は、以後の日本社会で繰り返し変奏されていくことになる。このような戦後日本の「平和」の根幹には、「戦後民主主義」と呼ばれる憲法の理念があり、一九五〇年代にはそれが「平和」運動の推進力にもなり得ていた。しかし、一九六〇年代中頃には、「戦後民主主義」を問い直す機運が高まっていった。

鶴見良行の問題提起

なかでも、「戦後民主主義」の「平和」を鋭く問い直したのは、鶴見俊輔や、評論家の武藤一羊（一九三一〜）、鶴見俊輔の従弟で人類学者・アジア研究者の鶴見良行（一九二六〜九四）ら、「ベ平連」に集った人びとだった。

鶴見俊輔は、「戦後民主主義」が見落としてきた問題に注目していた。たとえば沖縄、在日朝鮮人、原爆被災者、アジアなどの問題は「日本政府のとなえる民主主義のニセもの性をはっきりさせるとともに、私たちの戦後民主主義のニセもの性をあわせて照し出」すのだと述べている。[38]

また、武藤一羊は、「べ平連」が「戦後民主主義＝戦後平和主義」と「戦後民主主義の欺瞞性のトータルな否定」という二つのベクトルを持っていると整理し、この二つのベクトルを新たな次元で結びつけるべきだと主張していた。[39]

特に重要なのは、憲法前文と第九条の理念に固執し続けることの重要性を訴えた鶴見良行の議論だろう。

そもそも鶴見良行は、当時の平和運動が、体制によって与えられた「平和」のなかで焦点を失いつつあるように感じていた。その原因は、「平和であるという意識が、家庭の幸福願望と癒着し、そのマイホーム平和主義が原水爆禁止運動の大衆的基盤を奪ったのも、平和にしようという強烈な運動意識をもっていなかったから」だというのが鶴見良行の理解だった。[40]日本の「平和」が、日本の「安全保障（と軍備の増大）」にすり替えられていくのを防ぐためには、「平和にしようという強烈な運動意識」が必要だと鶴見は主張する。

では、そうした「運動意識」は、どのように生まれるのか。鶴見は、憲法前文と第九条を「絶対的非武装主義」として捉えることを提唱した。それにより「平和運動」は、非暴力の反戦運動になると同時に、国家主権を否定することでナショナリズムに回収されないインターナショナルな運動となり、軍備による抑止論を超える運動になるだろうと鶴見は述べる。

さらに鶴見良行は、沖縄に注目して、次のように述べている。日本は主権回復時に憲法の理念を開花させるべきだったが、日米安保と沖縄の切り離しによってそれは裏切られた。そして、一九六九年になって、「本土復帰」を目指す沖縄の人びとが日本国憲法の実施を求めている。この沖縄からの声は、死に絶えたかに見える憲法の理念を蘇生させるものだ。「憲法の理想は、沖縄にこそ開花しているのであって、この理想に関するかぎり、本土の私たちは『沖縄なみ』をこそ願うべきなのだ[41]」。鶴見良行の問題提起は、いまも未完のままだ。

『火垂るの墓』の問いかけ

ベトナム反戦運動が盛り上がり、そのなかから「平和」を問い直す思想が生まれようとしていた頃、読者を敗戦後の焼跡闇市に連れ戻す小説が話題になっていた。野坂昭如（一九三〇〜二〇一五）の小説『火垂るの墓』である。

「火垂るの墓」（『オール讀物』一九六七年一〇月号）は、「アメリカひじき」（『別冊文藝春秋』一九六七年九月号）とともに、一九六七年下半期対象の第五八回直木賞に選ばれることで、広い読者を獲得した小説である。この二作品は、六〇年代後半の日本社会の「平和」を考える上で、貴重な視座を提供してくれる。物語のあらすじは、スタジオジブリのアニメーションを通して誰もが知るところかもしれないが、念のため簡単に確認しておこう。

主人公の清太は妹の節子と母との三人で、神戸の御影町に住んでいた。父は海軍大尉であり、出征中だ。一九四五年六月五日の神戸大空襲で母と住まいを失い、清太と節子は遠い親戚のもとに身を寄せることになった。父の従兄弟の嫁という、親戚と呼ぶにはやや遠い間柄の、夫を戦争で失った女性である「おばさん」の家に、二人で世話になるのである。

当初、「おばさん」とその子どもたちは二人を快く受け入れるかに見えたが、戦局の悪化に伴って食料事情が厳しくなり、「おばさん」は清太に母の遺品を売れと勧めるようになる。清太と節子が自分たちの食事の量が少ないと訴えると、「おばさん」は二人を疎んじるようになり、いつでも出て行ってくれてかまわないとでもいうような露骨な態度をとり始める。我慢できなくなった清太は、節子とともに家を出ることを決心する。そして、貯水池の近くにある防空壕のなかで暮らし始めるが、節子は徐々に衰弱し始める。そして、節子は終戦の七日後に短い生涯を閉じる。節子を茶毘《だび》に付した後、清太は防空壕を去り、三宮駅に寝起きする戦災孤児の一人として、誰にも看取られることなく、野垂れ死ぬのである。

小説では、「清太に死んだ」という記述のすぐ後に、段落を変えて、その日は戦災孤児等保護対策要綱が施行された翌日の一九四五年九月二一日の深夜だったと書き継がれている。これにより、戦争自体は終わっていたにもかかわらず、国家の対策が間に合わずに死んだ清太の存在が、国家からも見捨てられた者として、明瞭に浮かび上がる仕掛けになっている。さらに、冒頭の場面では、死ぬ直前の清太だけを書くのではなく、活気ある闇市の様子を詳しく書き込み、そのなかに清太を配置していた[42]。

これらの構成によって、両親を戦争で亡くし、親族からも見放され、最後の肉親だった妹も亡くし、駅員に「恥やで、駅にこんなんおったら」とまで言われる清太の死を相対化し、あらゆる感傷からも引き離しているのだといえる。清太はただ死んだのであり、そこにはいかなる意味付けもそぐわないという野坂なりの戦争死の捉え方に、小田実の議論を導入してみよう。

戦後日本人の意識に根強くあった戦争被害者としてのロマンティックな感情を批判した評論「『難死』の思想」（『展望』一九六五年一月号）のなかで、小田は大阪大空襲で死んだ人びとについて以下のように述べている。

あれこそ、もっとも無意味な死ではなかったろうか。（中略）あの死をどんなふうに考えることができるか。たしかなことは、彼らの死がいかなる意味においても「散華」ではなく、天災に出会ったとでも考える他はない、いわば「難死」であったという事実、ただそれだけであろう[43]。

美しく死んだ。国のために死んだ。そのような意味付けを引きはがして死を見つめること、ある意味で死者を突き放す眼差しの重要性を訴えたのである。野坂が書いた清太の「犬死」も、まさに小田の議論にある「無意味な死」として理解できる。野坂には彼らの死が、国家の庇護を受けない全くの「犬死」だったという冷めた認識があった。

「火垂るの墓」が発表される前年の一九六六年、中央教育審議会が「期待される人間像」という答申を提出していた。「期待される人間像」のなかでは、愛国心の重要性が指摘され、教育によって愛国心を培うべきだと述べていた。この答申をめぐっては、国家によって「期待される人間像」とはいったい何なのかという問題が話題になっていた。こうした状況に対して、野坂は国家のための戦争による「無意味な死」の物語を突き付けたのだった。

焼跡からの「厭戦」

直木賞受賞当時、野坂昭如は自らの体験に基づいて、戦争と世代に関する新たな区分を提唱していた。従来の戦中派や戦後派というような世代区分を応用して、自身を焼跡闇市派と規定したのである。[44] 焼跡闇市派とは、昭和四・五・六年生まれの世代を指し、戦場に出ておらず、疎開経験もないことを特徴にしていた。野坂によれば、「いわば銃後市民生活の中核として、戦争の末期を過ごした経験をもち、敗戦の日『連合艦隊はどうしたァ』と絶叫し、占領軍の到来とともに昨日までの鬼畜が、今日から人類の味方にかわっちまって、おったまげ、そして、飢餓恐怖症の覚えがある、放出の兵隊服着こんだことがある、虱、疥癬を知っている」世代ということになる。[45] 専ら軍隊体験や戦場体験を対象にしてきた従来の戦争体験論に対し、銃後体験や戦後の焼跡体験に注目を促した野坂の世代区分は、同時代において少なくないインパクトを有していた。

野坂が焼跡と闇市にこだわった理由は何だったのだろうか。歴史家の原山浩介（一九七二〜）は、焼跡・闇市に関する論文で、闇市を「自然発生的で自主性を伴った公共の場」として捉え、「そこでは、行政権力からの自立性と無法状態、融通・共助と欲望の解放といった、背反する性格がないまぜになりながら、『民主主義』と『自由』が粗削りのままにむき出しになっていた」と述べている。[46] 原山の言葉を借りるならば、野坂が一九六〇年代の後半に焼跡と闇市にこだわってみせたのは、「平和」のなかで繁栄した戦後社会が見失った民主主義と自由を問い直したかったからだろう。

ただし、「むき出し」の民主主義と自由は、終戦直後のわずかの間だけ、かろうじて垣間見ることができるものだった。ある意味では、「むき出し」の民主主義と自由を現出させたのは、その前に吹き荒れた巨大な暴力に他ならない。自分が惹かれる「むき出し」の民主主義と自由。それらと「平和」との矛盾に、おそらく野坂は気が付いていた。だからこそ、野坂は一方で「世界の終末」を願うかのような破滅的な言論活動を行いながら、他方では「厭戦」を言うのである。

野坂は、フォークギターを抱えてベトナム反戦を訴える「戦無派」の若者たちへの違和感を表明したエッセイのなかで、「厭戦」という言葉を使っている。積極的な意思に支えられ、時に命がけの運動にもなる「反戦」に違和感を表明し、より利己的な「厭戦の思想」を唱えたのである。

野坂によれば、「厭戦」の取り柄は力によって押しつぶすことができない点にあるという。[47]「反戦は、他人のそれを救うために、わが生命を死に賭けるかもしれないが、厭戦においてはなによりわが生命、せいぜいが女房子どもの安全をねがうだけ」とも記している。[48] 戦後社会を生き抜いてきた野坂の「厭戦」は、戦後日本社会の「平和」意識を考察する上で、重要な問いを投げかけていた。戦後日本が、まがりなりにも「平和国家」という自己規定を続けることができたのは、戦争体験に基づく「反戦平和」というよりも、「厭戦平和」の力が大きかったのではないか、という問いかけである。

ただし、ここにも「平和」のジレンマが存在する。こうした「厭戦」による「平和」は「生活保守主義」と結びつくがゆえに平和運動の強力な土台となるが、それは容易に現状維持的な保守政権の支持につながり得るものだからである。

「非武装中立」の可能性

一九六〇年代後半のこの時期、保守政権の方針とそれを支えた保守論壇の「平和」に対するオルタナティブとして、「非武装中立」という「平和」は、なお健在だった。

日本の「中立」を掲げ続けてきた議員に社会党の石橋政嗣《まさし》（一九二四～）がいる。石橋は六〇年安保の際に論客として名を馳せ、一九六六年五月に「石橋構想」と呼ばれる「非武装中立」の方針を打ち出した。この「石橋構想」は、次第に社会党全体で受け入れられるようになり、社会党初の安全保障政策文書「非武装・中立への道」が一九六九年一月の党大会で採択されることになる。

この文書は、「非武装中立」を党是として確認するとともに、もし社会党が政権を獲得すればただちに日米安保の解消に向けて動き出すと明言していた。さらに、自衛隊を解体して「平和国土建設部隊」を創設するとも述べている。[49] 他方で、「非武装・中立への道」は、「資本主義＝帝国主義」「社会主義＝平和勢力」という二項対立の図式を踏襲していた。

一九六〇年代の後半は、五〇年代には影響力を持っていた「非武装中立」という方向性への期待が、薄れ始めていた時期だったと言える。だからこそ、社会党は安全保障政策を発表することで、改めて「非武装中立」の可能性を世論に訴えようとしたのだった。

このような試みは、社会党に限らなかった。当時東京大学法学部教授で憲法学者の小林直樹（一九二一〜）は、日本がとり得る選択肢として、安保を廃棄し、自前の軍備をせずに、憲法第九条の下で東西間の多角的不可侵条約もしくはロカルノ方式の保障体制をつくることを提唱していた。[50] これが当時の革新派とされた人びとの基本的な考え方であった。

当時東京大学社会科学研究所の教授を務めていた石田雄《たけし》（一九二三〜）もまた、同様の問題意識を抱いていた。石田は社会党が「非武装・中立への道」を採択する前に、『平和の政治学』（岩波書店、一九六八年）を上梓していた。石田はそのなかで「非武装中立」の可能性を検討し、その論理を噛んで含めるように記述している。

石田は、「非武装中立」という構想をめぐる議論について、一つの釘をさすことから語り始める。「非武装中立」論を否定する人は、現状から日本に一人も兵隊がいなくなった事態を想定して議論を始める傾向にあるが、それは適当ではない。「非武装中立」は目標である。その時々の国際情勢に応じて、どのような外交的手段をとればその目標に近づけるのか、それを議論すべきだというのである。では、石田は具体的にどのような議論をしているのか、やや長くなるが石田の議論を確かめよう。

在日米軍の存在感が薄れ、日本がアメリカの「核の傘」の下から出たとして、実際にソ連や中国といった共産圏が侵略してくる可能性がどれほどあるのか。また、ソ連や中国の侵略はなくとも脅迫される危険が大きくなるという意見もあるが、いったい脅迫して何を実現するのか。あるいは、日本が中立化することで、中国がそれだけ有利になり、世界の力の均衡が崩れるという意見もあるが、軍事力で圧倒的優位をしめるアメリカが、日本の基地を手放したところで、中国との間の力の均衡が破れるということはあり得ない。加えて、中国が外交上少しでも有利になることは、日中の関係改善にとっても良いのではないか。なによりも、アメリカともソ連、中国とも友好関係を築けるような努力が不可欠である。

では、仮にアメリカとの軍事同盟がなくなったとして、そのときには在日米軍の戦力を補うために自衛隊の軍事力を増やすべきだという議論がある。武装した上で対米従属から逃れた「普通の主権国家」になるという、一種の対米独立論であるが、これについて、石田はどのように論じているのだろうか。

そもそも、自衛隊の増強はアメリカの意向である。極東における自分たちの負担を減らすため、日本に自衛隊の増強を求めており、これに応えるためのものに過ぎない。したがって、アメリカのプレゼンスがなくなれば、自衛隊増強の必要性も低下するのではないか。また、民衆が非武装である国家では、暴力装置は自衛隊と警察に過度に集中し、軍事クーデターの危険性が増す。過去には軍部が暴走し、六〇年代には「三矢研究」が話題になっていた。中立化すれば、日本が直面する危険が減少するのであるから、武装の必要性もそれだけ低減する。国際的な保障によって日本の安全を維持することができれば、領空と領海を監視・警告するための最低限の警備力で足りるだろう。むろん、どのような速度で、どの程度戦力を減らすかは、国際情勢次第だ。ただし、日本は国際情勢の変化を待つだけではなく、そこに積極的に介入して、国際情勢の変化をもたらす努力が必要であろう。

これが石田の提言の概要である。世界の軍縮に日本が積極的役割を果たすための筋道を整理する議論だった。石橋や石田の議論が、当時の社会において決して珍しいものではなかったということは次の世論調査からも見て取ることができる。一九七二年四月に行われた『毎日新聞』の世論調査は、「日本の平和と安全を考えるとき、日米安全保障条約をどのようにとりあつかったらよいと思うか」と質問していた。これに対する回答としては、政府自民党と同じく「日米安保条約を継続し、国力に応じて自衛力を増強、足りないところを米国の核抑止力に依存する」という回答が全体の一二%だったのに対し、「日米安保条約を段階的に解消して、自衛隊を国土警備隊に切り替え、中立の立場をとる」が二一%。「日米安保条約を破棄して非武装中立の立場をとり、日、米、中、ソ不可侵条約を結ぶ」が一七%だったのである。「非武装中立」

を支持する声が、決して小さなものではなかったことがわかるだろう。

七〇年安保の自動延長と「暴力」の時代

六〇年安保闘争後は、憲法九条と日米安保の並立を肯定的に評価する若い知識人が登場し、さらに『中央公論』が方針転換を図るなど、保守化が目立ったことはすでに述べた。このような変化は、新安保の承認によって以後一〇年間の安保体制が固定されたことが主な原因だった。

これと同じことが、七〇年安保の自動延長によって、再び日本社会に起こった。特に、六〇年代後半からラディカルな異議申し立て運動を進めていた学生や活動家たちは、「七〇年安保粉砕」という一つの大きな目標を失ったのである。

その後、一部の活動家はより過激化し、暴力による「革命」へと突進していくことになる。一九七二年に起こったあさま山荘事件や、テルアビブ空港での銃乱射事件、学生間の「内ゲバ」などがその代表例だ。この時期、暴力の問題は多様に論じられたが、なかでも野口武彦が『『平和の時代』の終焉」（『思想の科学』一九七〇年八月号）と題した評論で、平和運動が「平和」という理念の性質上、暴力の概念を排除してきたと指摘しているのが注目に値する。

そもそも戦後の平和思想には、あらゆる政治思想はそれを実践の極限までつきつめてゆけば、かならず暴力の問題に行きつかざるをえないという現実に、ことさらに眼をつぶって通りすぎてきたふしがあったのではないか、というのがわたしの疑問なのである。(中略)暴力の問題――国家的暴力とそれが不可避的に生み出す反・暴力(非暴力ではなく)――が、かつてわが国に存在しなかったのではなく、ただ隠蔽されていたにすぎないこと、そしておそらく一九七〇年代は「平和」とか「民主主義」とかのオブラートなしに、その苛烈な味にふれなくてはならなくなるだろうことから、眼をそらすことはできないのである。[51]

野口の予感は的中した。七〇年代初頭の過激派集団によるテロには、もはや「平和」の影はなかった。戦後日本の「平和」を否定する若者たちの反体制運動に「平和」の可能性がないことを日本社会は痛感せざるを得なかった。新左翼の暴走に加え、文化大革命による中国の混乱が明らかになったことで、社会主義の魅力はいっそう色あせることになった。さらに、中国以外の第三世界の諸国でも混乱が相次ぎ、一九五〇年代に輝かしく中立を掲げた頃の高揚感は失われた。

こうして、日本社会がとり得る「平和」の可能性自体が、次第に中庸化していった。戦争を拒んで私生活を重視する生活保守主義が「平和」と結びつき、それによって自衛隊や米軍基地の問題は多くの人びとの意識の外に移行しつつあった。孤立あるいは純化した「平和・防衛問題」は、日米安保や自衛隊の問題を政治エリートによって独占され、「平和」を「力の均衡」の所産として捉える態度がますます影響力を持つようになった。こうした傾向と、佐藤政権の「平和」アピールとが手を取り合い、「平和国家日本」という自己イメージが形成されたのである。

1 石田博英「保守政党のビジョン」『中央公論』一九六三年一月号。

2 ジョン・W・ダワー「二つの『体制』のなかの平和と民主主義」アンドルー・ゴードン編、中村政則監訳『歴史としての戦後日本』上巻、みすず書房、二〇〇二年、五七－五八頁。

3 高坂については、大嶽秀夫『高度成長期の政治学』（東京大学出版会、一九九九年）、苅部直「未完の対論：坂本義和・高坂正堯論争を読む」（飯尾潤・苅部直・牧原出編『政治を生きる：歴史と現代の透視図』中央公論新社、二〇一二年）を参照。

4 高坂正堯「宰相吉田茂論」『中央公論』一九六四年二月号。引用は、『高坂正堯著作集　第四巻　宰相吉田茂』都市出版株式会社、二〇〇〇年、六八頁。

5 高坂前掲論文、六九頁。

6 高坂前掲論文、七一頁。

7 大嶽秀夫『高度成長期の政治学』東京大学出版会、一九九九年、六六頁。

8 宮澤喜一『社会党との対話：ニュー・ライトの考え方』講談社、一九六五年、一九二頁。

9 宮澤前掲書、三三頁。

10 酒井哲哉「『九条＝安保体制』の終焉：戦後日本外交と政党政治」『国際問題』三七二号、一九九一年。

11 蒲島郁夫・竹中佳彦『イデオロギー：現代政治学叢書8』東京大学出版会、二〇一二年、一二二頁。

12 なお、「とどまる」ことが物語の結末で重い意味を持つ作品として、誰もがすぐさま思い浮かべるのは、村上春樹『世界の終りとハードボイルド・ワンダーランド』（新潮社、一九八五年）だろう。しかし、村上が提示した「とどまる」という選択は、本文で確認した大江らとは異なる意味を持っている。大江らの試みは、自らの立脚点を問い直すことで現実世界と向き合う方法を模索するものだった。作品内の主人公は、自らの外部にある現実と向き合っている。他方で、村上が描いたのは自らの内部にある現実のイメージに抵抗するために、「とどまる」という選択だった。なお、この点については、加藤典洋が村上春樹論（『村上春樹は、むずかしい』岩波書店、二〇一五年）で紹介している竹田青嗣の解釈に教えられた。

13 藤原修「日本の平和運動：思想・構造・機能」『国際政治』第一七五号、二〇一四年三月。

14 高坂正堯「国際政治の多元化と日本：核の挑戦にどう応えるか」『中央公論』一九六四年一二月号。

15 永井については、酒井哲哉「永井陽之助と戦後政治学」（『国際政治』一七五号、二〇一四年三月）を参考にした。

16 同上、一一頁。

17 永井陽之助「米国の戦争観と毛沢東の挑戦」『中央公論』一九六五年六月号。引用は、永井陽之助『平和の代償』中央公論新社、二〇一二年、七三−七四頁。

18 永井陽之助『平和の代償』中央公論新社、二〇一二年、一八三−一八四頁。

19 永井前掲書、一八六頁。

20 林健太郎「『戦後』の意味」『自由』一九六六年八月号、二四頁。

21 小田実「平和の倫理と論理」『展望』一九六六年八月号。

22 丸山眞男「憲法第九条をめぐる若干の考察」『世界』一九六五年六月号、五三頁。

23 丸山前掲論文、五五頁。

24 「核兵器体系の巨大化と日本の科学者」『世界』一九六六年九月号。

25 永井陽之助「国家目標としての安全と独立」『中央公論』一九六六年七月号。引用は、『平和の代償』中央公論新社、二〇一二年、一六三頁。

26 遠藤乾「安全保障論の転回」遠藤誠治・遠藤乾編『シリーズ日本の安全保障1：安全保障とは何か』岩波書店、二〇一四年、三六−三七頁。

27 もっとも、永井陽之助は七〇年代に平和学会のシンポジウムに登壇するなどの活動をしていた。政治学系の学会内部では「理想主義」と「現実主義」の対話は、続いていたとも言える。

28 「佐藤首相、所信を表明　寛容・調和の政治を」『朝日新聞』夕刊、一九六四年一一月一〇日、一頁。

29 「佐藤首相の国連演説（全文）」『朝日新聞』一九七〇年一〇月二二日、四頁。

30 しかし、人びとの間には、強い危機感が共有されていたことは見逃してはならないだろう。一九六八年一二月に行われた『朝日新聞』による世論調査では、「アメリカの核の傘に入ることは核戦争に巻き込まれる恐れもあってかえって危険だ」という回答が六七%を占めた。

31 ベトナム戦争と「ベ平連」の記述については、道場親信『占領と平和：〈戦後〉という経験』（青土社、二〇〇五年）を参照した。

32 小田実「ふつうの市民にできること：「公」と「私」の問題」『毎日新聞』夕刊、一九六五年五月七日、三頁。

33 小田実「平和の倫理と論理」『展望』一九六六年八月号、八〇-八三頁。

34 『大江健三郎全作品5』新潮社、一九六七年、三四二頁。

35 野口武彦「恥辱のなかの平和」『思想の科学』一九六五年八月号、一五頁。

36 石原慎太郎『孤独なる戴冠』河出書房、一九六六年、三九二頁。

37 三島由紀夫「果たし得ていない約束：私の中の二十五年」『サンケイ新聞』夕刊、一九七〇年七月七日。引用は『三島由紀夫評論全集 第二巻』新潮社、一九八九年、五一六頁。

38 鶴見俊輔「二十四年目の『八月十五日』」『毎日新聞』夕刊、一九六八年八月一四日。引用は、『鶴見俊輔集9：方法としてのアナキズム』筑摩書房、一九九一年、二一二頁。

39 武藤一羊「『ベ平連』運動の思想：戦後民主主義のゆくえによせて」『思想の科学』一九六七年一月号。引用は、「ベトナムに平和を！」市民連合編『資料・「ベ平連」運動 上巻』河出書房新社、一九七四年、一六六頁。

40 鶴見良行「『八月一五日』の復権のために」『東京新聞』夕刊、一九六七年八月一五日。引用は、『鶴見良行著作集2：ベ平連』みすず書房、二〇〇二年、八二頁。

41 鶴見良行「私の創憲論：一試論としての少数意見」『毎日新聞』夕刊、一九六九年五月二日。引用は、『鶴見良行著作集2：ベ平連』みすず書房、二〇〇二年、一四二頁。

42 團野光晴「〝国民的映画〟の成立：映画『火垂るの墓』と戦争の〝記憶〟」米村みゆき編『ジブリの森へ：高畑勲・宮崎駿を読む［増補版］』森話社、二〇〇八年、一五九-一六〇頁。

43 小田実「『難死』の思想」『展望』一九六五年一月号。引用は『小田実全集Ⅰ期 評論第4巻 戦後を拓く思想』講談社、二〇一〇年、一三-一四頁。

44 野坂による世代区分は「文壇」と呼ばれる作家集団における自らの位置づけを明確にするという意味で、一種の差異化戦略でもあった。事実、一九六〇年代後半は、五木寛之（一九三二〜）や小松左京（一九三一〜二〇一一）、寺山修司（一九三五〜八三）、永六輔（一九三三〜）といった野坂と同年代の作家たちが精力的に仕事をしていた時期でもあった。彼らが作品を発表した媒体は、伝統的な文芸誌ではなく、中間雑誌やSF誌や週刊誌であり、その意味でも、従来の作家イメージの枠にとどまらない存在であり、テレビに代表されるマス・メディアへの露出という意味では、テレビ知識人の先駆けとも言える。彼らをまとめて「新・戦後派」や「昭和ヒトケタ世代」という名称が提案されたが、これらはさほど定着しなかった。

45 野坂昭如「焼跡闇市派の弁」『日本土人の思想』中央公論社、一九六九年。引用は、『野坂昭如エッセイ・コレクション2：焼跡闇市派』筑摩書房、二〇〇四年、六四頁。

46 原山浩介「出発としての焼け跡・闇市」安田常雄編『シリーズ戦後日本社会の歴史2　社会を消費する人びと：大衆消費社会の編成と変容』岩波書店、二〇一三年、三七頁。

47 「反戦対厭戦の思想」『野坂昭如エッセイ集2：卑怯者の思想』中央公論社、一九六九年、一九一頁。

48 同右。

49 原彬久『戦後史のなかの日本社会党』中央公論新社、二〇〇〇年、二〇五－二〇六頁。

50 小林直樹「第九条と防衛問題の新状況」『潮』一九六六年五月号。

51 野口武彦「『平和の時代』の終焉」『思想の科学』一九七〇年八月号、一九－二三頁。

第三章

「平和」の安寧

一九七三年～八九年

豊かさのなかの「平和」

戦後史の重大な転換点を一九七〇年代初頭に見る議論は多い。[1] 本論では転換点を一九七三年に設定するが、七三年以前から変化の予兆はみられた。

一九七〇年には戦後初の『防衛白書』が作成された。第三次佐藤内閣の防衛庁長官だった中曽根康弘は、対米依存を前提とした防衛政策を改め、防衛におけるアメリカとの役割分担の明確化と兵器の国産化を主張していた。戦後初の『防衛白書』は、中曽根の「自主防衛論」に対応するものだった。

一九七一年には、アメリカ大統領補佐官だったキッシンジャー(一九二三〜)が中国を訪問し、翌年のニクソン大統領(一九一三〜九四)の訪中が決まった。さらにニクソンは、金・ドルの一時的交換停止を決めた。これにより、一九四九年以来続いた一ドル三六〇円というレートは崩れて一ドル三〇八円となり、七三年には変動相場制へ移行する。こうした一九七一年のアメリカの動きは、「ニクソン・ショック」と呼ばれ、新時代を印象付けた。

翌年五月に沖縄が復帰。九月には日中国交正常化を迎えたことで、日本社会は何度目かの「戦後」の終わりを意識していた。中国との国交正常化は、日米安保の意味を大きく変えたと言える。これ以降、日米安保は、反共軍事同盟という側面を一応は維持しながらも、東アジアにおける「平和」と安全維持のための枠組みとして定着していった。一九九〇年代後半、中国の経済大国化が顕著になると日中関係は崩れ始めるのだが、逆に言えば、一九七二年から九〇年代までは、近代史においても珍しいほど日中関係が友好的な時期だったと言える。

そして、一九七〇年代初頭の転機を決定づけたのは、一九七三年のオイル・ショックだった。一九七三年一〇月に勃発した第四次中東戦争は、原油価格の高騰を引き起こし、世界経済、特に先進工業国の経済を震撼させた。エネルギー源である石油を中東に依存してきた日本経済も例外ではなかった。このオイル・ショックの影響は深刻で、日本は一九七四年に戦後初めてのマイナス成長を記録するのである。ここに、日本の高度経済成長にピリオドが打たれた。こうした一連の出来事から、一九七〇年代初頭が転換点だと見なされているのである。

高度経済成長は終わったものの、達成された豊かさに対しては相当な満足感があった。高度成長に伴う都市への人口集中は、都市文化を成熟させた。流通業の発展によって地方にもスーパーマーケットが建ち、外食産業も飛躍した。これに伴い、レジャー消費は増大し、消費は一種の「美徳」になりつつあった。

他方で、豊かさの達成は、別種の問題を生んでもいた。公害と「政治への無関心」である。すでに六〇年代から社会問題化していた公害問題は、経済成長や科学技術の進歩が人類の幸福を生むという前提を掘り崩すとともに、環境意識の定着を促した。二つ目の「政治への無関心」という問題については、しばしば指摘されることだが、ここでも少し説明しておこう。[2]

高度経済成長期に一気に進んだ農村から都市部への人口移動は、伝統的な地域共同体から隔離された都市労働者の厚い層を生んだ。同時に、男性は企業での終身雇用、女性は専業主婦として家事労働に従事するという家族内の性別分業が定着した。このような生活に、日本の家電メーカーの企業努力の賜物である多様な耐久消費財が普及していった。こうして、少なくとも私生活がそれなりに豊かになると、知識としては日米安保や防衛問題、あるいは世界の貧困問題の存在を理解できても、それらの問題を生活実感と結びつけて受け止めることは困難になっていた。

地域共同体、企業集団、労働組合、平和運動体、学生運動体、さらにこれらを統合する政治は、豊かになって多様化した私生活から生み出される関心や要求に、応えられなくなりつつあった。それは、政治への関心低下となって表れた。七〇年代は、政治への関心が低下し続けた時期だった。衆院選への関心を調査したＮＨＫによれば、一九七二年の衆院選に「関心がある」と答えた人は全体の七六％だったが、選挙のたびに関心は低下し、一九七六年には六一％、一九八〇年の衆参同時選挙の際は五二％にまで落ちている。また、「デモ・陳情・請願」の影響力に関する意識についても、それらが国の政治に「強い」あるいは「やや強い」影響を与えていると答えた人の割合は、一九七三年の四七％から、一九八三年の三二％へと低下していた。「平和」と繁栄のなかで、政権交代も起こらず、国民が政治に対して主体的な関わりを持ちにくくなっていたことがうかがえる。

これらの事態と並行して、豊かさをもたらした戦後日本を肯定する意識も広まりつつあったと考えられる。つまり、現在の豊かさを達成できたのは、戦後日本が「平和」だったからだという意識である。こうして、戦後日本が抱えてきた九条・自衛隊・日米安保の矛盾や、それが集約された沖縄の問題があるにもかかわらず、戦後日本は「平和」だったという理解が浸透することになった。それは、「あの戦争」として共有されたアジア・太平洋戦争との対比で「平和」を考えるのではなく、豊かさをもたらした戦後社会に沿って「平和」を考える態度だった。

「平和学」の誕生

他方で、世界の経済格差や貧困や差別の問題が、「平和」という問題領域を広げようとしていたこともまた事実である。いわゆる「積極的平和」という概念が、定着しつつあったのである。

「積極的平和」論を切り開いたのは、ノルウェー人の社会学者で「平和学」を提唱したヨハン・

ガルトゥング（一九三〇〜）である。ガルトゥングは一九六一年に発表した論文のなかで、「平和」の概念を「消極的平和」と「積極的平和」に分けている。戦争がない状態を「平和」と呼ぶが、これはいわば「消極的な平和」である。これに対して、「積極的平和」とは、戦争の原因となる貧困や人権侵害や環境破壊などの「構造的暴力」を取り除くことを意味していた。

様ざまな社会問題を批判的に捉え、横断的に理解する態度を重視し、積極的に戦争の原因を取り除こうとするガルトゥングの視点は、戦後日本の革新派にとって受け入れやすいものだった。ガルトゥングの言葉で説明するならば、「消極的平和」が日本人の眼を曇らせていること、それにより軍事基地や非民主的な政権といった戦争の種が温存され続けていることを批判し続けてきたのが、革新派の「平和」論だったと言える。被爆者の国家補償を求める運動や前章で確認したベトナム反戦運動などは、「積極的平和」概念の日本的実践でもあった。それをよく示すのが、鶴見俊輔の次のような「平和」理解である。

鶴見は、「平和を、ただ戦争なしの状態と規定して、これを他のあらゆる価値の上におく」というような平和主義に疑義を呈していた。[3] なぜなら、「そのような平和主義は、もし文字どおり社会に適応されたなら、いまの社会における富の不均等と権力の不均等を正当化することになり、平和の下で進行する飢えと搾取と差別とを見過ごすことになる」からだ。[4]

こうした理解は、すでに一九六〇年代から学問の世界でも共有されていた。たとえば、一九六四年には、首都圏の研究者を中心にして「東京平和研究グループ」が発足し、一九六五年には国際平和研究学会の創立に関わるという動きがあった。[5] さらに、政治学者の武者小路公秀（一九二九～）は一九六六年に「平和」に貢献する科学的研究としての「平和研究」の必要性を主張している。武者小路の発想の根幹には、「平和が人間の努力によって実現されるべきだという考え方、そして人間が平和を実現するために、その知的な能力を動員して、平和への可能性を徹底的につきとめ、その知識をすこしでも活用していくべきだという知的ラディカリズム」があった。[6] 武者小路らは、一九七三年九月に、日本平和学会を設立し、「平和」へのプロセスを社会科学的に検討する新たな研究潮流を創り出していったのである。[7]

『宇宙戦艦ヤマト』

オイル・ショック後の一九七四年一月、総理大臣の田中角栄（一九一八～九三）は経済協力を推進するために東南アジアを歴訪した。訪問先のタイ・マレーシア・インドネシアで田中を待っていたのは、学生たちを中心にした反日デモだった。特に反日運動が高まったのは、インドネシアだった。学生たちが日本商品の広告掲載をボイコットするようマスコミに要求し、こうした動きを察知したトヨタ、サンヨー、東芝、テイジンは自社広告のネオンを撤去するに至った。

東南アジアの学生たちが日本を「経済帝国主義」「経済植民地主義」と見なしたのには、理由があった。一九六〇年代後半から、日本の製造業は安価な労働力を求めて東南アジアに進出していたからである。日本企業は現地の企業と合弁会社を設立して、繊維、食品、電気機器の工場への投資を進めてきた。こうした日本の経済進出に東南アジアの人びとは「大日本帝国」を重ねたのである。海外からの非難は、一九七一年、天皇がヨーロッパ諸国を訪問した際にも、天皇の戦争責任を問う声として上がっていた。経済大国化する日本の存在感は、世界各地で戦争の記憶を刺激し、反発を招いていたのだった。

こうした状況で、日本人の優越感を絶妙に表現したテレビアニメの放映が開始された。『宇宙戦艦ヤマト』(一九七四〜七五、放映) である。

この物語は、侵略されて放射性物質に汚染された地球を救うべく、日本人が戦艦大和を改造して宇宙に飛び立ち、放射能除去装置をとりに行くというものだった。歴史学者の一ノ瀬俊也(一九七一〜)が指摘するように、『宇宙戦艦ヤマト』は、現実の戦艦大和の死者たちの存在が抹消されており、「日本人が日本人だけの手で世界を救うという、いわば生者の鬱憤晴らしのための物語」になっている。[8]

テレビアニメの視聴率はさほどふるわなかったが、再放送で火がつき、一九七七年にはテレビアニメを再編集した映画版が製作され、ヒットした。これを受けて七八年には続編映画『さらば宇宙戦艦ヤマト：愛の戦士たち』が公開された。この映画では、主人公は死んだヒロインと共に敵に体当たり攻撃を仕掛ける（なお『さらば宇宙戦艦ヤマト』がテレビ向けに再編集された際には、商業的要請から、主人公もヤマトも生存するという結末に変更された）。旧日本軍が戦争末期に採用した特攻攻撃を思わせるこの攻撃は、観客の情感に訴えかけるものだった。戦争で沈んだ戦艦大和が、今度は地球の「平和」のために突き進んでいく姿が、敗戦後に未曽有の経済成長を遂げ、「平和国家」として世界に貢献することを（少なくとも表向きには）誓った戦後日本の姿と重なるからである。

実際、『宇宙戦艦ヤマト』が話題になっていた一九七〇年代後半のこの時期は、日本の防衛をめぐる重要な取り決めが立て続けに決まっていた。

田中角栄の次に総理に就いた三木武夫（一九〇七～八八）は、一九七六年一〇月、「防衛計画の大綱」を決定した。従来までは五年間の長期計画で自衛隊に予算を割いてきたが、防衛費は右肩上がりで増えていた。これを懸念する世論に応え、三木内閣は五年区切りの計画ではなく単年度方式で防衛計画を策定することにしたのである。これに伴い、三木は、防衛費は国民総生産（GNP）の一％枠内にとどめると決定した（一九八七年一月に廃止）。一％枠の設定は、軍拡の制限であると同時に、一％を超えない限りで軍備を確保することにもなったのだが、それでも、制限をかけるという発想は「保守の左の端のきわどいところ」を歩いてきた三木の政治的信条の産物だった。[9]

七〇年代後半のこの時期、アメリカは日本に防衛上の役割分担の明確化を求め始める。有事の際に日米が効果的な作戦行動をとるために、協議を進めようと呼びかけたのである。一九七八年一一月には、当時の総理大臣・福田赳夫《たけお》（一九〇五〜九五）の下で「日米防衛協力のための指針（いわゆる「ガイドライン」）」が定められ、日米の軍事協力の拡大強化が既定路線となった。

「平和」を叱る人びと

一九七〇年代の中頃になると、緊張感のない「平和」を叱る声が、保守系知識人の口から公然と発せられるようになった。前章で確認したように、すでに六〇年代から「平和」と戦後民主主義が問い直されていたが、七〇年代の保守系知識人たちによる「平和」の非難は、六〇年代とは全く異なっていた。繁栄のなかで緊張を失い、浮かれている日本人を叱咤《しった》するための方便として「平和」と戦後民主主義を非難したのである。

その端緒は、『文藝春秋』一九七五年二月号に発表された「日本の自殺」という論文である。論文の筆者は「グループ一九八四年」と名乗る匿名集団だった。「グループ一九八四年」は、前年の一九七四年に日本共産党批判を『文藝春秋』に発表して話題になっており、中心的人物は社会工学を専門とする香山健一（一九三三〜九七）だったと言われる。香山はかつて全学連の委員長を務め、ブント（共産主義者同盟）の結成にも関わった人物だが、六〇年安保闘争後に保守の立場に「転向」していた。[10]

論文「日本の自殺」は、日本とローマ帝国の類似点を指摘するところから筆を起こしている。そして、繁栄に酔って「パンとサーカス」を求めた市民によってローマが「自殺」したように、日本も「活力なき『福祉国家』へと堕落し、エゴと悪平等主義の泥沼に沈んでいくという恐るべきメカニズム」のなかにいるのではないかと批判したのである。[11]

「グループ一九八四年」の批判の矛先は、戦後民主主義にも向けられた。戦後民主主義は、自らの権利ばかりを主張するが、建設的な対案を出さない。さらに、エリートを画一的に否定する傾向があり、大衆迎合的である。したがって、戦後民主主義は「日本社会を内部から自壊させる強力なイデオロギー」であると、この論文は厳しい口調で述べている。人びとを繁栄のなかで弛緩させたのは、戦後民主主義だという批判は、これ以降、一種の定型として再生産され続けることになった。

戦後民主主義だけでなく、それと結びついた「平和」もまた、批判の対象になっていた。保守の文学者として知られた福田恆存は、一九七七年から一年間、フジテレビで『世相を斬る』という対談番組のホスト役を務めた。基本的に保守派の知識人を一人ゲストに招き、日本の社会問題について気軽に話し合うという趣旨の番組だった。

そのゲストの一人が、京都大学法学部教授で、後に『平和憲法を疑う』（講談社、一九八一年）や『平和病日本を撃つ』（ダイヤモンド社、一九八二年）などの著作が話題になる勝田吉太郎（一九二八〜）だった。勝田は福田恆存との対談で、「平和」が弛緩しているとして、次のように述べている。

平和っていうのは何らかの目的を実現するための条件なのに、何か一つの絶対的な目的であるかのような受けとめ方がありますし、あるいはまた、平和っていうのは単に戦争がないこと、そういう消極的な意味合いであるにもかかわらず、何か積極的ないろいろな価値を平和が背負わされているような、そういうところがありますね。そこに今日のでれっとした平和というものの出てくる根元があるのじゃないか。[12]

勝田のこの発言には福田恆存も賛意を示している。一九七〇年代後半のこの頃には、世相を批判する際にその原因を「平和」と「繁栄」に求める話法が保守の知識人の間で定着していたことがわかる。勝田の発言を受けて、福田恆存も戦後日本の「平和」に疑義を呈する。

この平和は求めてかち得た平和かというと、そうではない、強いられた平和ですね。まず憲法で強制された。次は核兵器の発達で、戦争したら大変だ、米ソ両国が核兵器使ったら、人類の滅亡だということは、仕方なしの平和にすぎない。[13]

何か社会問題が起こると、何もかもを戦後日本の「平和」に帰責し、日本人の誇りを取り戻すために改憲論を訴えるという言説は、保守系知識人の十八番になっていく。

他方で、保守系知識人とは異なる角度から「平和」批判を展開した人物がいた。評論家の津村喬《たかし》（一九四八～）である。津村は六〇年代後半の新左翼運動のなかで評論活動を始め、差別論やアジアに対する戦争責任論で独自の領野を切り開いていた。次のような津村の議論は、社会党に代表される護憲勢力の「平和」論を根底から問い直すものだった。

戦争放棄ということは、論議するまでもない、自明の「よいこと」なのであろうか。戦後思想はおおむね、そういう立場をとってきた。しかし私はそうは考えない。そういう立場をとることが、かえって国民から軍事への関心を遠去け、政府・自民党と、現に存在している軍部当局の勝手放題のことを許すことになると考える。[14]

憲法の理想からすると、自衛隊や米軍基地はあってはならない。こうした護憲派の態度は結果的に軍事の問題を日常の外に置くことにつながりかねない。現に自衛隊があり、日米安保があるなかで、「平和を守れ」と言ったところで、それはアジアを切り捨てた精神的鎖国状態を補強するだけではないか。憲法九条を結論とするのではなく、議論の出発点とすべきだというのが津村の意見だった。

このように、保守系知識人は、大上段から「平和」を切り捨て、新左翼系の評論家もまた戦後「平和」論の陥穽を指摘していた。こうして、一九七〇年代後半に至って、戦後日本の「平和」は左右から挟撃されるようになる。

「新中間大衆」の「保身」

総理府の「国民生活に関する世論調査」によれば、自らの生活程度を「中」と答える人の割合は、すでに一九六〇年代から八割を超えるようになっていた。この調査は、回答の選択肢が

「上」「中の上」「中の中」「中の下」「下」となっており、「中」に偏りやすい性質を持っていたが、高度経済成長が人びとの「中流意識」を育んだことは間違いない。一九七〇年には、「中」という答えが九割に達し、日本は「一億総中流」社会だという言説が広く共有された。経済学者の村上泰亮《やすすけ》（一九三一～九三）の研究グループは、こうした状況を前提に、当時の日本社会が自由主義的な諸制度に合意していると理解し、すでに保守と革新の対立は終焉したと論じていた。[15]

他方で、日本的経営の驚異的達成は、アジア研究者のエズラ・ヴォーゲル（一九三〇～）による『ジャパンアズナンバーワン：アメリカへの教訓』（TBSブリタニカ、一九七九年）に代表されるように欧米からも評価された。そして、一九八〇年の『経済白書』では「先進国日本の試練と課題」という副題が付されるに至った。「欧米先進国に追いつこう」という近代日本の目標は達成されたのだという自覚が広まり、日本が「先進国」だという自負も揺るぎないものになりつつあった。

では、高度経済成長以後の日本社会において、実態としての「中間層」の特徴はどこにあるのか。それを議論したのが、前述した村上泰亮だった。なお、村上は、研究者や若手研究者が集うシンクタンク「政策構想フォーラム」の代表世話人を務めていた。村上の分析と提言は、結果的に自民党に資するものだったという点を、見落としてはならないが、それでもなお、村上の分析と提言は七〇年代から八〇年代の社会を理解する視点を数多く提供してくれる。

村上は『新中間大衆の時代』（中央公論社、一九八四年）で、「新中間層」という概念を提示した。「新中間層」とは、様ざまな労働者からなり必ずしも一つの階層にまとめられないにもかかわらず、均質的な中流意識を持つ人びとを指す。村上は、農家や自営業から成っていた旧中間層とは異なるものとして、「新中間層」を位置づけた上で、豊かな社会のなかで「新中間層」は「保身化」しているのではないかと問題提起したのである。

そもそも、一九六〇年代の初頭において、自民党の支持基盤が掘り崩されていくのではないかという危機感が保守政治家によって表明されていた。農家や自営業などの旧中間層が都市に流出していたからである。実際、六〇年代以降、自民党は支持率を低下させており、七〇年代半ばには与野党伯仲状況になっていた。にもかかわらず、いったいなぜ、自民党は衆参両院で過半数を占め続けることができたのだろうか。そして、七〇年代後半から「保守復調」と言われる自民党の復権が起こったのだろうか。

その理由は、増加する無党派層が自民党をある程度支持し、自民党もその取り込みに成功したからだったと村上は指摘する。無党派層は、六〇年代から右肩上がりで増え続け、一九七六年には全体の三〇%を超えた。[16] 自民党政権は、五〇年代後半の岸政権に見られたような伝統的な価値観への回帰志向を弱めて久しく、支持者たちもそれを求めていない。むしろ自民党支持者の「新中間層」が求めていたのは、自らの既得権益を守ることだったというのが、村上の議論だった。

村上の「新中間層」をめぐる議論には、もう一つのポイントがある。それは、「保身化」した「新中間層」が、同時に官僚主義的な計画的開発主義に批判的であり、高度経済成長までとは異なる行政を求めていたと分析している点である。つまり、「新中間層」は、自らの既得権益を守る政治を支持するという意味では「保身」的だが、従来の政治にはかなりの違和感を抱いてもいたというのである。これに対応すべく、自民党は「小さな政府」に向けた行政改革を推進していくことになる。

繁栄のもとで「平和」への無関心が進むなか、社会党は、新たな支持基盤になり得たかもしれない都市の若者たちを引き付けられなかった。さらに、新左翼運動は議会制民主主義に入ろうともしなかった。こうして、生活保守主義の一つの表現でもある強い現状肯定感が無党派層に広がっていく。そうなれば、無党派層のなかであえて投票行動をとる人びとが、現状維持の保守政権に投票するのは、当然と言えば当然だった。

盛り上がる改憲論

一九八〇年の二月から三月にかけて、自衛隊は「環太平洋合同演習（リムパック）」に初めて参加した。アメリカ、カナダ、オーストラリア、ニュージーランドが行ってきた軍事演習に自衛隊が参加したのは、一九七八年に定められた「ガイドライン」に沿ってのことだった。これは集団的自衛権の問題に触れるものであり、憲法解釈上、日本は集団的自衛権を行使できないというのが政府見解でもあったため、「リムパック」への参加は国会でも議論された。

一九七九年一二月、ソ連がアフガニスタンに侵攻した。同月には、北大西洋条約機構（NATO）がアメリカの新型中距離ミサイルのヨーロッパ配備を決めた。一九七二年に、アメリカの米ソが核兵器削減に合意して以降は、緊張緩和のムードが高まっていたが、七〇年代の最後の年に再び東西関係に緊張が走った。新冷戦と言われる状況が表面化したのである。これにより、日本でもソ連脅威論が再び息を吹き返すことになる。そして、一九八〇年六月の衆参ダブル選挙では自民党が圧勝。自民党は安定多数を獲得し、そこから自民党内の「改憲」論が盛り上がることになる。また、アメリカでは一九八〇年の大統領選でロナルド・レーガン（一九一一〜二〇〇四）が勝利し、八一年にはレーガン政権が誕生した。「強いアメリカ」を掲げたレーガンは、軍拡路線を推し進めた。アメリカに呼応するように、日本ではかねてからの改憲論者であった中曽根康弘が、一九八二年一一月に総理大臣に就いた。

中曽根首相は、一九八三年に訪米してレーガンと会談し、その後の記者会見で「日本を不沈空母のようにする」と述べた。中曽根の発言を受けて、一九八三年六月にＮＨＫの世論調査が行われ、中曽根内閣の政治姿勢について「憲法問題や防衛問題などで右寄りの姿勢が目立つ」という項目について、「そう思う」という答えが、全体の六一・九％を占めた。日本の「右傾化」が心配され始め、反核運動も盛り上がっていた。

こうした状況と並行してヨーロッパを中心に大規模な反核運動は起こっていた。この反核運動に呼応して、日本では文学者たちが一九八二年一月に「核戦争の危機を訴える文学者の声明」を発表し、話題になっていた。

そのなかで、改憲論に釘を刺し、憲法の理念に現実を近づけるべきだと主張したのが、民衆史で知られる歴史家の色川大吉（一九二五〜）だった。色川は、一九八四年に次のようなプランを提案している。

自衛隊はその兵器を武器庫に集めて封印し、その鍵は自治体に託す。そして、防災・災害復興・国土保全のための平和建設部隊に改組する。そして、国連による救難事業や被災地救助活動に従事する。日本は非同盟全方位外交に基づいて、世界中の国ぐにと友好関係を樹立し、非武装中立地帯を拡大していく。「こうして世界に先駆けて軍備を全廃し、交戦権を放棄した日本が、その高い技術力と経済力を生かして、東西、南北間の対立の和解と国際的な奉仕活動にめざましい貢献をするならば、日本列島を北から南まで核ミサイルの針ねずみにして防衛するより、はるかに高い安全性が保障されるであろう」[17]

山口瞳の情念的「平和」論

色川のように、改憲論に国家非武装の原理を対置する試みは、当時決して珍しくなかった。野坂昭如は、一九八一年に、国家が武装しても意味はなく、外交努力で「攻め難い」国にするほうが効果的だとして、次のように続ける。

しかしあえて、ソ連だか、アメリカだか、韓国、北朝鮮、ベトナム、台湾なんて国が日本を力ずくで押しひしごうと、攻め渡って来るのなら、一人一人が抵抗すればいい、考えただけでも恐ろしいけれど、市民が蜂起して、さまざまな次元による戦いを、しぶとく継続することだ。[18]

こう語った後、野坂は憲法九条を引用している。軍事同盟を結んで戦争に巻き込まれる可能性と、軍事同盟の解消後に国家の武装を解除して攻められる可能性のいったいどちらが高いのだろうかと問いかけるのである。

小説家で名コラムニストとして知られた山口瞳（一九二六～九五）も、野坂と同様の「平和」論を発表していた。山口は、一八歳のときに陸軍二等兵で終戦を迎えた経験を持つ。政治的発言をすることは稀で、前述した「核戦争の危機を訴える文学者の声明」にも署名していない。その山口が、『週刊新潮』に連載していた名物コラム「男性自身」のなかで、防衛政策への感想や「タカ派」への違和感を吐露し始めたのである。

山口は「私の根本思想」（『週刊新潮』一九八四年一一月二九日号）と題されたエッセイのなかで、「いわゆるタカ派の金科玉条とするものは、相手が殴りかかってきたときに、お前は、じっと無抵抗でいるのか、というあたりにある。然り。オー・イエス。私一個は無抵抗で殴られているだろう。あるいは、逃げられるかぎりは逃げるだろう」と述べた。[19]

山口は続ける。仮に他国の軍隊が、自分とその妻子を殺すために戸口まで来たとしたら、自分は書斎の棒で戦うだろう。そして相手の銃で一発で殺される。自分はそれでいいと思うのだが、それでいいと思う人は少ない、だから、膨大な防衛費が計上されてしまうのだろうと。山口が吐露する暴力への生理的な拒否感は、国家の武装にも向けられている。

私は、日本という国は亡びてしまってもいいと思っている。皆殺しにされてもいいと思っている。かつて、歴史上に、人を傷つけたり殺したりすることが厭で、そのために亡びてしまった国家があったといったことで充分ではないか。〔中略〕どの国が攻めてくるのか私は知らないが、もし、こういう国を攻め滅ぼそうとする国が存在するならば、そういう世界は生きるに値しないと考える。私の根本思想の芯の芯なるものはそういうことだ。[20]

山口は、「九条を守れ」とは言わない。「日本は世界平和に貢献すべきだ」とも言わない。ただ、「自分は暴力をふるう主体には絶対になりたくない」と言っているのである。一九八〇年代、戦争体験者たちは健在で、言論界で健筆をふるう者も多かった。山口のような極めて個人的で、それだけに力強い非暴力の平和主義が『週刊新潮』という多くの読者を持つ週刊誌に表明されることもあり得たのである。しかし、こうした個人的な非暴力の平和主義と国家の安全保障政策とを結びつけて論じる態度は、山口が戦争体験者だったからこそ説得力を持ちえたという側面があった。

そして、これ以降、個人的信条としてストレートに平和主義を提示するような言論は息をひそめ、安全保障政策に基づく「平和」ばかりが語られていくようになる。

中曽根康弘と石橋政嗣

前述したように、一九八〇年六月の衆参ダブル選挙で自民党が圧勝し、「右傾化」を危惧する声が出始めていた。しかし、社会党は有効な対策を講じることができず、選挙でも苦戦を強いられていた。一九八三年の参院選挙でも議席を減らしたのである。

劣勢を挽回するため、新たに社会党の委員長に就いたのは、石橋政嗣だった。安保問題の論客として六〇年代から知られた石橋は、一九八〇年には『非武装中立論』を上梓して話題になっていた。石橋は、自らの持論である「非武装中立」を掲げて、防衛問題で中曽根内閣との対決姿勢を強めていった。

一九八三年九月一九日の衆議院予算委員会で質問に立った石橋は、「非武装中立」というのは「非同盟中立全方位外交」のことだと述べて自説を展開した後、中曽根の防衛問題への基本姿勢を問うた。石橋の質問に対して、中曽根は、占領下のある時期には自分も「非武装中立」を考えたことがあると述べ、次のように続けた。

占領下におきましては、私もそれに似たような感じも持っておりました。しかし、その後においても、私は、人類武装、民族非武装という理念を持っているということを私の著書にも書いておりますし、それをいまでも考えておる。民族非武装、人類武装、これがわれわれの目標であり、理念である。その点は、石橋さんと私と一致している点があると思うのです。そうして、戦争を起こしてはならぬ、戦争を起こさせないようにすることがポイントだ、これも全く一致していると思うのです。[21]

「民族非武装、人類武装」という理念では同じでも、それを実現させる方策では、中曽根と石橋は異なっていた。中曽根が強調するのは現在の日本の「平和」と「繁栄」であり、それをもたらしたのは「自衛隊プラス日米安保」という防衛の基本枠組みだと述べる。

日本は、いまの憲法のもとに平和な生活を営んで、これだけ繁栄をしてきている。そして、国民もいまの憲法をその意味においては評価しておる。私も評価している一人であります。しかし、そのもとにおいても、われわれは最小限の防衛費で安全を保持する道は何か、いまの憲法のもとで許される安全確実な方法は何か模索して、それによって安保条約というものを締結いたしまして、そしてアメリカのかなりの強大な軍事力と提携しつつ日本列島の防衛を維持してきて、それでこれだけ繁栄しているわけであります。私は、この自衛隊プラス日米安保条約という方式は非常に成功しているケースである、このように考えておるわけであります。[22]

こうした中曽根の現実的理解に対して、石橋の主張する「非武装中立」が受け入れられにくかったのは、ある意味では当然だった。一九五二年以来続いてきた軽武装・米軍駐留という枠組みが現実社会に深く根を下ろしていたため、自民党の防衛計画には一応の具体性があったからである。

社会党のその後の展開は、いわば「現実路線」とでも言うべきものだった。一九八四年二月に開催された第四八回党大会で、石橋政嗣は、自衛隊は「違憲」だが、法的には存在しているという認識を党の公式見解として採用したのである。この自衛隊「違憲・法的存在」論は、憲法学者の小林直樹の批判的自衛隊理解を石橋が取り入れたものとされる。[23]憲法に基づいて法律がつくられるため、「憲法違反だが合法」というのは矛盾に他ならないが、社会党はその矛盾を現実として受け入れることを決めたのだった。最終的には自衛隊の縮小・解体を目指すという態度は堅持したものの、政権をとるまでは自衛隊の存在を認めることにしたのである。

これは、防衛問題に関する国内政治の対立軸がまた一つ消失することを意味していた。自民党の土俵に社会党が乗らざるを得なくなったのである。

消費社会の『火垂るの墓』

一九八〇年代後半の日本社会は、社会保障の充実、物質的豊かさの高度化が達成された時代だった。社会における所得配分の不平等を図るジニ係数を見れば、八〇年代は、戦後日本のなかで最も所得配分が均衡に近づいていたことがわかる。さらに、一九七三年のオイル・ショック後は「低成長の時代」と呼ばれたとはいえ、依然として経済成長は続いていた。この時代の人びとは、自由に使える金と時間を前世代よりも多く手にし、「平和」と繁栄を享受していたのだ。

日高六郎は一九八八年に発表した論考「〈平和〉と〈繁栄〉を考える」のなかで、この時代の日本社会に根付いた「平和」の心理を巧みにスケッチしている。

平和はあたえられたし、現にあたえられている。明日もあたえられるだろう。平和のために、私がなにか動く必要があるのだろうか……

核戦争の可能性？　おこれば運命である。すべてのものが死ぬのであれば、自分もその一人になっても仕方がない。しかし起こりそうもないことを躍起になって阻止しようとすることは、自分にとっては時間の無駄である……
戦争にまきこまれる不安？　若干はある。しかし私たちになにができるだろうか……[24]

「平和」を漫然と享受することで、「平和」の実現を求める意思が弱まっていく。そうした連鎖が起こっているのではないかという疑問が、日高の危機感の根底にあった。しかし、当時の日本社会は日高の警鐘を正面から受け止めようとはしていなかった。日高の「正しさ」と日本社会の「欲望」との間には、大きな溝があったのである。

同様の溝は、一九八八年に公開されたスタジオジブリによるアニメ映画『火垂るの墓』における、監督の意図と観客の受容の乖離にもよく表れている。監督の高畑勲（一九三五〜）の意図を確認するため、まずは高畑が野坂昭如の原作小説をアニメーションにするに当たって、原作をどのように読み、理解したのかを見てみよう。

高畑は、野坂が書いた主人公の清太に「一九八八年の若者像」を読み込んでいた。清太は中学三年生という設定だが、当時の中学三年生といえば、予科練や陸軍幼年学校を志望する者もいたし、少年兵になる者もいた。しかし、清太は海軍大尉の長男であるにもかかわらず、全く軍国少年らしいところがないと高畑は感じたのだった。

空襲で家が焼けて、妹に「どないするのん?」と聞かれ、「お父ちゃん、仇とってくれるて」としか答えられない。みずからお国のため、天皇のために滅私奉公する気概はまるでなく、人並みにはもっていた敵愾心も、空襲のショックでたちまち消しとぶ。当時としてはかなり裕福に育ち、都会生活の楽しさも知っていた。逆境に立ち向かう必要はもちろん、厳しい親の労働を手伝わされたり、歯を喰いしばって屈辱に耐えるような経験はなかった。卑屈な態度をとったこともなく、戦時下とはいえ、のんびりとくらして来た部類に入るはずである。[25]

さらに、高畑は、自分たちに冷たく当たる「おばさん」との耐えがたい関係から身をひいて、妹の節子とともに家を出るという清太の行動を取り上げ、以下のように続けている。

清太のとったこのような行動や心のうごきは、物質的に恵まれ、快・不快を対人関係や行動や存在の大きな基準とし、わずらわしい人間関係をいとう現代の青年や子供たちとどこか似てはいないだろうか。いや、その子供たちと時代を共有する大人たちも同じである。[26]

高畑は、快・不快を行動基準とし、人間関係を避けるという清太の性格に注目し、そこに清太と「現代の青年や子供たち」「大人たち」との共通性を読み取っている。しかし、高畑の文章を読めば、彼が当時の社会の風潮を好ましく思っていなかったことは明白だろう。ここに、高畑が野坂から引き継いだ批判意識があると、ひとまずは指摘できる。野坂昭如が高度成長を批判したように、高畑もまた、好況に沸く一九八〇年代後半の日本に疑義を呈していたのである。それを如実に示すのが、アニメ映画の結末部に、幽霊になった清太と節子が丘の上からビルが立ち並ぶ都会になった神戸の街を見下ろす場面を当てる、という高畑の演出だった。

ただし、このラストシーン以外から、高畑の意図した同時代批判を読み取ることが困難なのも事実である。実際、アニメ映画版は、多くの観客に感動の涙の物語として受け止められてしまった。その原因はどこにあったのだろうか。

前章で述べたように、原作者の野坂昭如は清太と節子、さらには三宮駅で死ぬ多数の戦災孤児の「犬死」を書くことで、戦争を忘れて繁栄に酔う戦後日本を告発したわけだが、主語を排し、複数の人物の

動きを読点でつないで一文に収める野坂の文体は、多声的な世界を構成することに成功していた。それゆえ、物語空間における読者の視線は常に相対化され、清太だけに感情移入して読むことは困難だった。これに対し、アニメ映画では、前述のような高畑の意図もあり、「現代的」な清太を視点人物にしたため、彼への感情移入が促されることになった。

このように、清太にのみ感情移入することを誘導された観客は、妹を思う兄の眼を通して節子の愛らしい姿と、それが衰弱していく過程を観るのである。亡くなった妹の節子を追うように衰弱して死に至る清太の姿は、もはや原作小説のような「犬死」ではなく、妹を思う純粋な愛情に満ちた、感傷的とでもいうべき死として表れる。清太は、銃後の純粋無垢な被害者であると同時に、妹を愛するやさしい兄にしか見えない。アニメ映画の冒頭と末尾で、死んだ清太と節子が幽霊になっても二人一緒にいることは、純粋無垢な二人の純愛を補強する。高畑勲監督の意図を離れて、アニメ映画が感動の物語として受容される原因は、作品内にもあったと言える。

しかし、感動が強調された原因はそれだけではないだろう。当時の観客のほとんどは、戦争体験を持たず、高度経済成長後に精神形成期を迎えた者も多かっただろうと推測できる。また、当時の子ども世代は、団塊ジュニア世代であり、『火垂るの墓』は『となりのトトロ』と同時上映だったから、トトロ目当てで劇場に来た子どもも多かったのではないか。生まれた頃から

「平和」と「繁栄」しか知らない人びとは、戦争の怖さを理解はできても、それを自分との関係のなかに位置づけることは困難だっただろう。その意味では日高六郎が人びとの内面を想像して書いた、「平和はあたえられたし、現にあたえられている。明日もあたえられるだろう。平和のために、私がなにか動く必要があるのだろうか」という言葉は、皮肉にも説得力を有していたのである。

1　たとえば、鹿野政直「一九七〇－九〇年代の日本：経済大国」（『岩波講座　日本通史　第21巻　現代2』岩波書店、一九九五年）や、小熊英二『1968』（新曜社、二〇〇九年）など。
2　原山浩介「戦時から戦後へ」安田常雄編『シリーズ戦後日本社会の歴史2　社会を消費する人びと：大衆消費社会の編成と変容』岩波書店、二〇一三年。
3　鶴見俊輔編『戦後日本思想大系4：平和の思想』筑摩書房、一九六八年、八頁。
4　同右。
5　田畑忍編著『近現代日本の平和思想：平和憲法の思想的源流と発展』ミネルヴァ書房、一九九三年、二五五頁。
6　武者小路公秀「行動科学と平和：平和の科学研究と科学研究の平和利用」『思想』一九六六年一一月号、五九頁。
7　高柳先男『戦争を知るための平和学入門』（筑摩書房、二〇〇〇年）によれば、「平和学」に連なる研究の流れは、第二次大戦後のフランスにまでさかのぼることができる。その後、オランダのフローニンゲン大学で平和研究所が設立されるなどの動きがあったが、紛争解決のためにとり得る手段を研究するという意味での「平和研究」が始まったのは、一九五〇年代後半のアメリカだった。一九五七年、核戦争への危機感を背景にして、アメリカのミシガン大学で核戦争回避の方策を探る研究が興ったのである。
8　一ノ瀬俊也『戦艦大和講義：私たちにとって太平洋戦争とは何か』人文書院、二〇一五年、一八三頁。
9　福永文夫「保守支配体制の構造と展開」『岩波講座　日本歴史　第19巻　近現代5』岩波書店、二〇一五年、一〇三頁。
10　中北浩爾『自民党政治の変容』ＮＨＫ出版、二〇一四年、八八－九二頁。
11　グループ一九八四年「日本の自殺」『文藝春秋』一九七五年二月号、一〇六頁。
12　福田恆存『福田恆存対談・座談集　第四巻』玉川大学出版部、二〇一二年、六六－六七頁。
13　福田前掲書、六八頁。
14　津村喬「平和と戦争の再定義：平和憲法と戦後精神の限界」『思想の科学』一九七九年八月号、九三頁。

15 佐藤誠三郎・公文俊平・村上泰亮「脱『保革』時代の到来」『中央公論』一九七七年二月号。
16 中北浩爾「自民党政治の変容：無党派層と一九七〇年代半ばの転換」安田常雄編『シリーズ戦後日本社会の歴史1　変わる社会、変わる人びと：二〇世紀のなかの戦後日本』岩波書店、二〇一二年、一〇八－一一二頁。
17 色川大吉「平和憲法の世界的意義」日本放送協会編『憲法論争：その経緯と焦点』日本放送出版協会、一九八四年。引用は、色川大吉『色川大吉時評論集：新世紀なれど光は見えず』日本経済評論社、二〇一四年、一六九－一七〇頁。
18 野坂昭如『国家非武装　されど我、愛するもののために戦わん。』光文社、一九八一年、二〇六頁。
19 山口瞳『私の根本思想』新潮社、一九八六年、九七頁。
20 山口前掲書、九八頁。
21『衆議院予算委員会議事録』一九八三年九月一九日。
22 同右。
23 原彬久前掲書、二〇九頁。
24 日高六郎「〈平和〉と〈繁栄〉を考える」『世界』一九八八年一一月号、二六頁。
25 高畑勲「火垂るの墓　一九八七年四月十八日　記者発表用資料」『映画を作りながら考えたこと』徳間書店、一九九一年、四一八頁。
26 高畑前掲書、四一九頁。

第四章

「平和」の消失

一九八九年～

転機としての一九八九年

一九八九年一月七日、昭和天皇が死去し、昭和は終わった。すでに前年の九月に吐血が伝えられ、それ以降の日本は自粛ムードが続いていたが、とうとう「その日」が来たのである。新たな元号は、『史記』『書経』からとられた「平成」というものだった。平成という言葉は、昭和と同じく「平和」を意味する言葉である。

昭和の終わりは、冷戦の終わりでもあった。一九八九年一一月、東西冷戦の象徴であったベルリンの壁が崩壊した。そして、翌一二月にはソ連のゴルバチョフ（一九三一〜）とアメリカのブッシュ（一九二四〜）がマルタ島で会談し、互いに冷戦の終結を確認したのである。これにより、世界は冷戦後という新たな時代を迎えた。

冷戦の終結に伴う国際環境の変化は、日本の「平和」論の前提を取り払う可能性があった。その前提とは、「ソ連の脅威に対して自衛隊と米軍による防衛措置をとることで『平和』が達成される」という「力の均衡」の論理である。これは、核兵器についても言えた。全面核戦争の危機が去ったのであるから、全面的核軍縮には恰好の機会であり、日本がアメリカの核の傘の下にある状況を考え直す契機でもあった。

しかしながら、歴史はその方向には進まなかった。二〇〇〇年代に入って表面化した北朝鮮の核開発や、中国の反日デモや領土問題を理由に、北朝鮮や中国を「脅威」として捉える言説が氾濫し、それが防衛の必要性を主張する者の根拠の一つになっていった。そして「平和」という言葉は安全保障の議論で建前として持ち出されるだけになり、戦後民主主義は通俗的な保守の議論のなかで社会問題の原因として蛇蝎《だかつ》のごとく嫌われるようになっていった。

ここで視点を一九九〇年代初頭に戻そう。冷戦が終結しても、自衛隊と日米安全保障条約による日本の防衛という前提は残った。しかし、冷戦の終結は、自衛隊の役割の問い直しというかたちで、日本の「平和」に再考を迫ることになる。

湾岸戦争の勃発と自衛隊をめぐる議論の開始

一九九〇年八月、イラクのサダム・フセイン（一九三七〜二〇〇六）はクエートへの侵攻を開始した。イラクのクエート侵攻は、国際的な非難の対象となった。国連の安全保障理事会は経済制裁を決めただけでなく、九一年一月一五日までにイラク軍が撤退しない場合は、武力行使をすると決議した。国連が武力行使を容認したのは、朝鮮戦争以来約四〇年ぶりのことだった。国際社会が一致してイラクを非難し、アメリカを中心にした二八カ国が多国籍軍を編制するという状況を契機として、冷戦後の世界における自衛隊のあり方を問い直すために「平和」をめぐる議論が高まっていく。特に、政治学者の北岡伸一（一九四八〜）や佐藤誠三郎（一九三二〜九九）らが『中央公論』誌上で、世界の「平和」維持に協力するために、日本の役割を見直すべきだと提言していた。また、当時自民党の幹事長だった小沢一郎（一九四二〜）は「国連中心主義」を唱え、自衛隊の多国籍軍参加を主張した。自衛隊は、戦闘行為への「参加」はしないが、多国籍軍の組織の外から「協力」をする、という参加のあり方を提案したのである。こうして、一九九〇年一〇月に「国連平和協力法案」が国会に提出された。

世界の「平和」を強調する議論が噴出した背景には、湾岸戦争の勃発だけでなく、ソ連の崩壊目前という歴史的条件があった。ソ連が崩壊するのは一九九一年末のことだが、東西冷戦の象徴的存在であったベルリンの壁が一九八九年に崩壊していたため、「二つの世界」から「一つの世界」になっていくだろうという予測は説得力を増していた。こうした状況で、国連が従来のような東西陣営の対立の場であることをやめ、「一つの世界」のために有効に機能し得るだろうという「世界平和」の期待感も高まっていた。実際、国連の安全保障理事会でも、米ソはともにイラクへの武力行使で一致していたのである。

したがって、国連が認めた多国籍軍への後方支援に自衛隊を派兵する場合でも改憲の必要はないという立場から「国連平和協力法案」が提出されたのである。国連への貢献は国際社会の

「平和」への貢献であり、それは憲法の理念に合致する、という理解である。

ここで思い出すべきなのは、坂本義和が一九五九年に発表した「中立日本の防衛構想」だろう。第一章で確認したように、坂本は国連軍の日本駐留を提案し、自衛隊を国連軍に編入させた上で、日本が国連軍に参加することは憲法の範囲内であると主張して話題になった。坂本の議論では、国連が紛争を解決する平和機構として期待されていたが、九〇年代の湾岸戦争をめぐる議論では、政府・自民党が国連で決定された多国籍軍への参加を提案し、それは「憲法違反」だという反対意見が盛り上がるという構図が見られた。憲法九条と自衛隊の役割をめぐる問題は、時代とともに議論の対象にならなくなっていたが、湾岸戦争を境に一時的に大きく盛り上がることになったのである。

反対意見の中心の一つは、憲法の理念を掲げるという、ある意味ではオーソドックスな運動だった。高橋源一郎（一九五一〜）や柄谷行人《からたにこうじん》（一九四一〜）らの文学者が反対声明を出したのである。彼らは憲法に描き込まれた戦争放棄の理念を「もっとも普遍的、かつラディカル」なものとして支持していた。結局、「国連平和協力法案」は、世論の強い反対を受けて廃案になった。日本は、自衛隊を派兵する代わりに四〇億ドルという莫大な財政支援を決めた。

こうした状況で、一九九一年一月一七日、多国籍軍がイラク空爆を開始した。日本政府は九〇億ドルの追加経済支援を決めたが、アメリカからは「日本人はケチでズルい」という非難や

「安保ただ乗り」という批判が起こった。これらに対しては日本の外交官らもアメリカのメディア上で反論を試みたが、湾岸戦争に際して「経済大国日本」がとった対応は、「血は流さずに金だけを出す」というような評価に代表されるように、国際社会からは評価されなかった。[1]

他方で、「平和」の理念を掲げるだけでは意味がなく、力によって「平和」を維持するしかないのだという理解が語られるようになっていた。『読売新聞』の社説は「『反戦』を唱えていれば、平和が実現すると考えている〝平和主義〟の空虚さは、今回のイラクの暴挙が実証した」と述べていた。[2]「反戦平和」の否定は、六〇年代の現実主義をめぐる、高坂正堯の問題提起以来、どこかで戦争が勃発したり国家間の緊張が高まったりするたびに繰り返されてきたものだ。それが湾岸戦争で噴出したのである。

こうした議論が続くなか、早くも一九九一年二月二八日には湾岸戦争の停戦が成立した。しかし、湾岸戦争が終結してからも、自衛隊の海外派兵をめぐる議論は終わらなかった。むしろ、過熱したと言える。九一年四月一一日、日本政府はペルシャ湾に放置された機雷除去のため、海上自衛隊を派遣すると決定した。さらに、九月には国連平和維持活動への参加を可能にする「PKO協力法案」が国会に提出された。「PKO」とは、Peacekeeping Operations（国連平和維持活動）の略である。具体的には、九二年に始まる国連カンボジア暫定統治機構への陸上自衛隊の参加を可能にするための法律だった。

「ＰＫＯ協力法案」をめぐる議論が国会で続いていた一九九一年末、大きなニュースが日本に飛び込んできた。ソ連の解体である。一九八九年にベルリンの壁が崩壊してからわずか二年あまりでのソ連の解体は、驚きと共に受け止められた。これにより、戦後世界を規定した冷戦構造は崩れた。また、マルクス主義者や資本主義に批判的な人びとが、一つの根拠を失ってしまった。この頃の日本社会には、社会主義国にかつてのような幻想を抱く者はほとんどいなかったが、それでも社会主義がソ連という巨大な勢力として実在していたという事実が、日本の言論界や平和運動のなかで持った意味は大きかった。それが失われたのである。

自衛隊マンガとしての『沈黙の艦隊』

この時期の自衛隊をめぐる議論の高まりをうまく捉えたマンガが、かわぐちかいじ（一九四八〜）による『沈黙の艦隊』（一九八八〜九六年、連載）である。

この物語の主な舞台は、日米が共同で開発・製造した原子力潜水艦だ。この原潜はアメリカの第七艦隊に所属しているが、乗務員は海上自衛隊の隊員である。ある日、艦長の「海江田」は原潜を乗っ取って、独立国宣言を発表する。原潜自体が動く国家になるという奇抜な発想である。原潜には核兵器が搭載されている可能性があったため、一つの核保有国が誕生したとも

言えた。原潜の名前は、新たに「やまと」と名づけられる。「海江田」の目的は、「あらゆる人間・民族の完全なる自立」と「堂々たる尊厳の獲得」だった。そのために「地球を一つの国家にする」ことが必要だと述べる。そして「海江田」は、天才的な原潜の操縦技術を駆使して、米ソの妨害を潜り抜けて国連へと乗り込んでいく。

　このように書くと、狂信的なテロリスト集団の物語かと思われるかもしれない。確かにそうした側面は否定できないが、『沈黙の艦隊』が人気シリーズになったのには、それ以外にも理由があった。というのは、『沈黙の艦隊』は、それなりに九〇年代初頭の国際社会を踏まえて書かれており、そのなかでの日本の立ち位置についての仮想実験という意味合いが強かったからである。

　それは、次のような「海江田」の論理によく表れている。

世界平和を達成するためには国家を超える組織と戦争抑止のための軍事力が必要である。しかし、世界政府は存在しないし、国連は米ソの覇権争いの場となって有効に機能していない。そうであるならば、日本が世界平和の先導者としての役割を果たすことはできないか。幸い、日本は世界最高水準の経済力と技術力を誇っている。これを駆使すれば、世界政府とそれによる世界平和への筋道を示すことができる。

　こうした「世界平和に貢献する日本」を描いた点が、この作品がマンガ愛好家以外の人びとの興味を引き付けた一つの理由だろう。日本は、そして自衛隊は、いったいどのように「平和」に貢献することができるのか。『沈黙の艦隊』は極端な例によって、その問題を社会に突き付けたのだった。しかし、戦後史のなかで「平和」の意味がどのように変わっていったかを辿る本書にとっては、それよりも重要なことがある。それは、このマンガにおいて、もはや軍事力のない「平和」が全く想像もされないという点である。その意味でも、『沈黙の艦隊』は九〇年代初頭の「平和」をめぐる議論の特徴を端的に示していたのだった。

「一国平和主義」批判と戦争責任

　湾岸戦争勃発以後の自衛隊の国際貢献をめぐる議論を見ると、保守は結果的にさほどの困難なく事態に対応できたと言える。それは対応というよりも、従来の日米安保を基盤とする安全保障の考え方を手放すことができなかったというほうが近いかもしれない。つまり、「アメリカへの軍事貢献」という考えを、「（アメリカがいる）国連への軍事貢献」という考えへとスライドさせただけのように見えるのだ。

それを端的に示したのが、自民党を離党した小沢一郎が上梓した『日本改造計画』（講談社、一九九三年）だった。小沢は自民党幹事長時代に経験した湾岸戦争時の自衛隊派遣をめぐる議論の反省から、日本の政治には強力なリーダーシップが必要だと考えるようになった。その考えに基づいて小沢（とそのブレーンら）が執筆した『日本改造計画』のなかでは、「多数決原理」を推進する小選挙区制が訴えられている。小沢の構想は、小選挙区制の選挙によって支持された政治的リーダーシップのもとで、自衛隊は「国連待機軍」として国連の軍事活動に参加し、「平和と繁栄」のコストを払う「普通の国」になる、というものだった。小沢の「普通の国」構想は憲法に基づく戦後日本の平和主義に修正を迫るものだった。

小沢は憲法九条の改憲案として、現行の二項はそのままにして、新たに第三項を付け加えることを主張した。第三項の案は、日本は「平和創出のために活動する自衛隊」を持ち、「国連の下で活動する国際連合待機軍の保有とその活動」を行うことができる、というものだった。小沢は自身が主張する新たな憲法とそれによる活動を「積極的平和主義」と呼んだ。このような小沢の主張は、湾岸戦争勃発以降の日本国内で沸き起こった議論に対する、保守の側からの一つの回答であり、一定の支持を集めた。[3] さらに、改憲論議も巻き起こる。一九九四年には、『読売新聞』が紙面のなかで大きく「改憲試案」を取り上げて話題になった。さらに、一九九五年四月に発表された『読売新聞』の世論調査の結果によると、憲法九条の改正に賛成する答えが全体の五〇・四%を占めるまでになった。経済支援だけでは国際平和に貢献したことにはならない、と多くの人が感じ始めていた証拠であろう。

日本だけが孤立した「平和」のなかにいて良いのか？　この「一国平和主義」批判に対して、強い違和感を表明したのが坂本義和だった。坂本は、「戦後に日本と世界にとって何よりも必要だったのは、日本自身の民主化と非軍事化による対外的平和の保障だったのである、まさに日本一国の平和構築が最優先課題だった」と述べた上で、次のように続ける。

> 大事なことは、政治的な優先順位に敏感な歴史感覚を備えることであり、戦後の平和意識や平和運動が、こうした歴史認識を持っていたからこそ、再軍事化への抵抗が相当の成果をあげたのである。「一国平和主義」が本来的・原理的に誤りであったかのような議論は、歴史感覚を欠いている。そのことを端的に示すのは、まさにこうした「一国平和主義」批判者の多くが、アジアに対する日本の侵略責任についての、きわめて鈍い歴史感覚の持主だという事実である。[4]

坂本は、「平和」をめぐる議論に「歴史感覚」が欠けていることを危惧していた。坂本の指摘はその通りだが、アジアに対する「歴史感覚」の欠如は、戦後日本が「歴史的」に抱えた問題でもあったということには、注意が必要である。日本は、植民地解放闘争を、闘争する側・される側のどちらの立場でも経験しなかった。日本は、敗戦によって植民地を手放し、占領の終結という受動的なかたちでしか「独立」を達成できなかった。これにより、旧植民地地域から解放闘争を挑まれるということはなかった。そのため、「大日本帝国」時代の負の遺産を意識しにくかったのである。

一九九〇年代は、日本政府や企業に対して戦後補償を求める声がアジアから相次いで起こっていたが、そのなかでも特に大きな歴史認識問題になったのが「慰安婦」問題だった。一九九一年夏、韓国で元「慰安婦」によるカミングアウトがあり、同年一二月に東京地裁に提訴した。これを機に、韓国各地で元「慰安婦」が名乗りを上げ、日本政府に対して補償を要求し始めたのである。彼女らとその支持者が起こした訴訟に対して、日本の裁判所は「この問題は日韓条約で解決済み」だとしたが、一連の過程では、慰安所の設置・「慰安婦」の募集に軍が関与していたのかどうかが問題になった。従来、政府は軍の関与を否定してきたが、「慰安婦」からの補償要求を契機に、政府と歴史学者たちが解明に乗り出し始めた。

戦後日本の「平和」を「一国平和主義」として批判する声が上がっていた九〇年代初頭の日本は、アジアへの戦争責任が問われる事態に直面していたのである。裏を返せば、九〇代に入るまで、こうした人権問題が全く棚上げにされていたということでもある。「一国平和主義」

批判と、アジアからの戦後補償を求める声は、ともに戦後日本の「平和」が見落としがちだった問題を改めて突き付けたのである。

五五年体制と保革対立の終わり

「慰安婦」問題が浮上するなか、日本がとり得る国際貢献の内実に関する議論も進展していた。「ＰＫＯ協力法」は九二年六月に成立し、自衛隊の海外での「人道支援」の道がこじ開けられた。そして、一九九三年、「ＰＫＯ協力法」を成立させた宮澤喜一内閣に対する不信任案が出され、小沢一郎と鳩山由紀夫（一九四七〜）のグループがそれに同調したため、宮澤内閣は総辞職を余儀なくされた。宮澤内閣の総辞職を受けて行われた衆議院の総選挙では、「新生党」や「新党さきがけ」など新党が相次いで結成され、どの新党も議席を伸ばした。他方、自民党は現状維持にとどまったが過半数には達しなかった。そして、社会党は六六もの議席を失って五五年体制下では最小議席となる七〇議席になった。この選挙の結果を受けて、政界再編の動きが加速することになる。

そして、一九九三年八月、「非自民」の七つの政党による連立内閣が誕生した。総理大臣には、日本新党の細川護熙（一九三八〜）が就いた。これにより三八年間続いた自民党政権の流れは、ついに途絶えることになる。同時に、与党自民党に社会党が対峙するという五五年体制も崩壊した。一九八九年の昭和天皇の死去から約四年間に起こった、湾岸戦争、自衛隊の海外派遣、そして五五年体制の崩壊は、戦後の枠組みの揺らぎを象徴する出来事だったと言える。

戦後の枠組みの揺らぎという意味では、この時期に表面化した歴史認識問題も重要である。歴史認識問題の焦点は、前述した「慰安婦」問題だった。

政権が宮澤内閣から細川内閣に移ろうとしていた一九九三年八月四日、宮澤内閣の官房長官だった河野洋平（一九三七〜）が、「従軍慰安婦」問題について談話を発表した。この談話は、慰安所が当時の軍当局の要請により設営されたことを認め、慰安所の設置と管理、慰安婦の移送についても、軍が直接あるいは間接に関与したと認めている。そして、「政府は、この機会に、改めて、その出身地のいかんを問わず、いわゆる従軍慰安婦として数多の苦痛を経験され、心身にわたり癒やしがたい傷を負われたすべての方々に対し心からお詫びと反省の気持ちを申し上げる」と述べた。これに基づいて、九五年には「女性のためのアジア平和国民基金」が設立された。政府による公式の補償金ではなく、国民の募金で韓国・台湾・フィリピンに「償い金」を払うというプロジェクトだったが、これは韓国の慰安婦支援団体の反発を受けた。

「慰安婦」問題に加えて、原爆投下についての日米の歴史認識の溝の深さも、この時期に改めて明らかになりつつあった。アメリカのスミソニアン航空宇宙博物館は、第二次世界大戦終結五〇周年の事業として、特別展を企画し、一九九三年から広島市、長崎市と連絡を取り合いながら準備を進めていた。広島に原爆を投下した爆撃機「エノラ・ゲイ」の展示と合わせて、広島と長崎の原爆資料館から、写真や遺品を借りて展示し、原爆投下の歴史を見直す企画だった。

しかしこの企画に対して、アメリカの退役軍人協会などから激しい反対の意見が起こった。これを受けて、スミソニアン博物館は、一九九五年二月に企画の中止を決め、「エノラ・ゲイ」の展示のみを行うと発表した。この騒動は、戦争終結から五〇年経っても、原爆に関する日本とアメリカの歴史認識には大きな隔たりがあることを人びとに痛感させた。

村山富市政権の誕生と社会党の終焉

細川内閣は細川自身の金銭問題により八カ月で総辞職、その後の「非自民」連立内閣である羽田孜《つとむ》（一九三五〜）内閣もわずか六三日で総辞職した。「非自民」というだけで多数の政党が手を結び政権を維持することを、自民党は許さなかった。一九九四年六月、自民・社会・新党さきがけによる連合政権が誕生した。自民党は政権に戻るために社会党と手を結んだのである。首相に就いたのは、社会党委員長の村山富市（一九二四〜）だった。

ただし、社会党委員長の総理大臣就任には功罪があった。社会党の委員長が、非武装中立論の歴史的役割は終わったとして日米安保体制の堅持を口にし、自衛隊も合憲であると述べたのである。一九七〇年代以降、九条・日米安保・自衛隊の問題は国内政治の対立軸になりにくく、社会党は長期にわたって低迷していたが、それでも保守政権に対するオルタナティブであり続けてきた。しかし、連立政権の一角を占め、総理大臣を出したことで、自衛隊を合憲だと認めざるを得ず、社会党の存在証明の一つを手放すことになった。さらに、村山政権は、一九九五年三月の地下鉄サリン事件を受けて、宗教団体・オウム真理教に破防法を適用するための手続きを始めたが、破防法は社会党が反対し続けてきた法律だった。[5]

さらに、村山連立内閣が沖縄問題に対してとった態度もまた、従来の自民党とほとんど変わらなかった。一九九五年九月、沖縄で米兵による少女暴行事件が起こり、米軍基地の撤去を求める運動が盛り上がった。沖縄県知事で沖縄戦の研究者でもあった大田昌秀（一九二五〜）は、米軍の借用期限が切れた土地の再契約を拒否するに至った。激しい運動の背景には沖縄県民の積年の不満があった。沖縄には、在日米軍の七割を超える基地が置かれていたからだ。一九七二年に復帰してから、九〇年代半ばまでに沖縄の米軍基地は約一五％削減されたに過ぎない。これに対して、「本土」では、一九七二年から九〇年代半ばにかけて、米軍基地の削減率は約五九％だった。[6]「本土」は米軍基地を着実に減らしているのに、沖縄の米軍基地は減らない。そして、米兵と米軍関係者による事件は後を絶たなかった。積もり積もった米軍基地への反感とそれを沖縄に押し付けてきた日本政府への不信は、一九九五年一〇月に宜野湾市で開催された県民総決起大会でピークを迎えた。しかし、村山政権は、基地縮小を目指す沖縄に対して、土地の強制収用の手続きを命じたのである。

『戦後政治史』をまとめた政治ジャーナリストの石川真澄（一九三三～二〇〇四）と政治学者の山口二郎（一九五八～）は、こうした一連の事態を指して次のように表現している。つまり、「戦後政治を主導してきた『保守』は、日本政治全体を覆う広い合意の体系となり、より強い継続に向かいつつあるように見えた。というより、保守政治に対峙してきた『革新』が、従来もっていた意味をほぼ消し去ったために、対立概念を失った『保守』は、保守と限定する必要さえなくなりつつあった」というのである。[7]

しかしながら、社会党が連立内閣に入ったからこそ可能になったこともあった。その一つが、一九九五年八月一五日の戦後五〇年のタイミングで発表された「村山談話」である。やや長くなるが、この談話の終盤の一節を外務省のＨＰから引用したい。

わが国は、遠くない過去の一時期、国策を誤り、戦争への道を歩んで国民を存亡の危機に陥れ、植民地支配と侵略によって、多くの国々、とりわけアジア諸国の人々に対して多大の損害と苦痛を与えました。私は、未来に誤ち無からしめんとするが故に、疑うべくもないこの歴史の事実を謙虚に受け止め、ここにあらためて痛切な反省の意を表し、心からのお詫びの気持ちを表明いたします。また、この歴史がもたらした内外すべての犠牲者に深い哀悼の念を捧げます。

首相自らがアジア諸国への痛切な反省とお詫びを述べたのは画期的であり、その後の内閣も「村山談話」を踏襲したため、アジアに対する日本の基本的態度として定着することになった。

西部邁と小林よしのり

村山政権下がアジア諸国への「お詫び」を表明したのは、自らの戦争責任を直視してこなかった日本にとって画期的な出来事だったが、こうした姿勢を「自虐的」だとして批判する新たな保守勢力が、日本社会で伸長していた。

一九九五年七月、「イデオロギーにとらわれない自由な立場からの大胆な歴史の見直し」を掲げる「自由主義史観研究会」が設立された。この研究会の代表だった教育学者で東大教授の藤岡信勝（一九四三〜）は、八〇年代以降の自民党内閣によるアジア諸国との関係構築の試みを厳しく批判していた。一九八二年に教科書検定が中国から非難を受けた際に、当時官房長官だった宮澤喜一が、その批判を受け止めて教科書の表記を改める旨の談話を発表したこと。あるいは、一九九三年に、当時官房長官だった河野洋平が、慰安所の設置における軍の関与を認め「お詫びと反省の気持ち」を表明したこと。こうした態度を、藤岡らは「謝罪外交」と呼び、それを生んだ戦後日本の歴史理解のあり方を「自虐史観」と呼んで批判したのである。

加えて、九〇年代半ばのこの時期には、慰安婦問題や労働者問題で韓国や中国から補償を求める声が上がっており、それへの反発から中国や韓国に対する日本の国民感情も悪化していた。一九九六年一〇月に総理府が行った世論調査「外交に関する世論調査」によれば、日中関係を「良好だと思わない」「あまり良好だと思わない」と答えた人は合わせて五一％、日韓関係については、五四・九％だった。こうした状況について、歴史家の吉田裕（一九五四〜）は「出口と捌け口を失ったナショナリズムが迷走してゆく姿」が見られるとし、「自由主義史観研究会」の活動が一定の影響力を持つ背景には「戦後の歴史研究や歴史教育のあり方に対する強い不信感や違和感が国民のなかに存在すると考えられる」と指摘している。[8]

こうした不信感や違和感に支えられた「自由主義史観研究会」が母体となり一九九七年には、「新しい歴史教科書をつくる会」が発足した。この会は、一方では藤岡信勝や政治学者の坂本多加雄（一九五〇〜二〇〇二）、ドイツ文学者の西尾幹二（一九三五〜）といった保守派の論客が集い、他方で当時評論活動を展開していた民俗学者の大月隆寛（一九五九〜）らも参加していた。

「新しい歴史教科書をつくる会」に参加した人物のなかでも、特に重要なのは、経済学者で評論家の西部邁《すすむ》（一九三九〜）と、マンガ家の小林よしのり（一九五三〜）である。

西部邁は、六〇年安保にブントの一員として参加した経歴を持つが、その後は左翼運動を離れ、一九八〇年代になって大衆批判論で論壇に登場した。その後も戦後民主主義とマスコミを痛罵する言論活動を展開して保守論壇のなかで存在感を増し、一九九〇年には「日本国憲法・改正私案」（『文藝春秋』一九九〇年九月号）を発表していた。西部は、そのなかで「現憲法の第九条は、戦後日本人の平和主義に発するというよりも、国防のことは米軍に任せるという自立心の欠如あるいは依存心の過剰にもとづいている」と評価した上で、九条を「国際協調に配慮した上での自衛戦争は認める」というように変えるべきだと提案していた。[9]

小林よしのりは、マンガによる評論活動を展開し、従来の論壇の読者とは異なる層から読者を集めたという点で、特筆すべき存在である。一九七〇年代には『東大一直線』、八〇年代からは『おぼっちゃまくん』などの少年マンガで知られていた小林が、本格的にマンガによる言論活動を始めたのは、一九九二年に雑誌『ＳＰＡ！』で連載が始まった「ゴーマニズム宣言」以降である。この連載で、小林はオウム真理教や薬害エイズ問題に切り込み、新たな読者を獲得していた。新たな読者とは、社会問題にある程度関心を持つが専門的知識は持たない、総合雑誌やオピニオン誌よりも情報誌やマンガ誌に親しみを持ってきた読者のことだ。『ＳＰＡ！』

から『SAPIO』に媒体を移したこともあり、「ゴーマニズム宣言」は当時の読書界で話題になっていた。そして、小林は一九九八年に『新・ゴーマニズム宣言SPECIAL 戦争論』(幻冬舎。以下『戦争論』と略記)を発表する。

その冒頭、小林は次のように語り始める。

> 平和である/なんだかんだ言っても…/日本は平和である〔中略〕家族はバラバラ　離婚率も上昇　主婦売春　援助交際という名でごまかす少女売春　中学生はキレる流行にのってナイフで刺しまくり　若者はマユ剃って化粧してパックしてお顔のお手入れに余念のない昨今/平和だ…　あちこちがただれてくるよな平和さだ　だれもこの平和の正体を知らぬまま…[10](引用中の「/」は、マンガ内のコマの移動を示す)。

こうした語り口は、これまで確認してきたように保守派の論客が「平和」を叱る際の常套句だった。それをマンガで表現したことに、小林の独自性があったと言えるだろう。小林の『戦争論』は、「ただれてくるよな平和」への小林なりの異議申し立てであり、そこに書かれていたのは、一九六〇年代に林房雄が上梓した『大東亜戦争肯定論』の九〇年代版とでもいうべき「植民地解放戦争」史観だった。さらに、小林はマンガのなかで、戦死した兵士たちを、個よりも公を重んじ、国の未来のために死んでいった者として描き、兵士たちへの畏怖の念を表明している。

　小林が提示した「大東亜戦争は植民地解放戦争」という歴史認識と、戦死した兵士への畏敬の念、さらにマスコミや進歩的文化人への違和感は、若者から壮年にかけての読者に歓迎された。特に、社会問題にある程度の関心を持ち始めた若者から、熱い支持を受けたと思われる。

小林の『戦争論』は、河野談話や村山談話などの「お詫び」に違和感を持ち、韓国や中国にネガティブな感情を持つようになった人びとにとって、自尊心を回復させてくれるものだった。
　重要なのは、小林の『戦争論』が、アジア・太平洋戦争の再評価を通して、安全保障政策や防衛政策を論じるものではなく、あくまで日本人としての「歴史感覚」を再構築しようとした点である。『戦争論』は、生活保守的な「平和」を拒否し、戦死した兵士たちを思って〈私〉ではなく〈公〉に生きることが有意義な生なのだと説いた。個人が社会のなかに自己をうまく位置づけられず、生きる目的や目標を見出すのが困難な状況で、戦場での生死を描く『戦争論』は、小林の意図を離れて、一種の自己啓発本としても機能したのだった。

「心の時代」とインターネット

先に、「個人が社会のなかに自己をうまく位置づけられず、生きる目的や目標を見出すのが困難な状況」と記したが、これはどういうことだろうか。

一九九〇年代から二〇〇〇年代にかけて、「心の時代」「心理学化する社会」と呼ばれる事態が進行していたと指摘されることがある。[11]「心の時代」という言葉は、そもそも八〇年代後半のバブル期に、人びとが「心の豊かさ」を求め始めた傾向を指して使われていた。しかし「心」への注目が社会に広く共有されたのは九〇年代に入ってからである。一九九五年の阪神・淡路大震災では被災者の「心」が心配され、地下鉄サリン事件ではオウム真理教の信者たちの「精神病理」が書き立てられた。これを受けて、新しい書き手として、あるいはテレビのコメンテーターとして、心理学者が重宝されたのである。

社会問題を説明する際に個人の心理に注目する方法はそれなりに目新しく説得力もあり、時代の要請に応える説明方法だったが、そこに問題がないわけではなかった。社会問題を個人的問題として考える態度を一般化させたのである。「社会問題の個人化」とも言われるこうした考え方は、その後の二〇〇〇年代の「自己責任論」とも相性が良く、人びとの腑に落ちやすかった。現代的な個人主義は、「価値観は人それぞれ」という言い方で表面的には相手を尊重し、個人の思想信条をぶつけ合うことを避けようとする。このような状況下でたとえば、憲法と安保の矛盾の表れである沖縄問題を「平和」の問題として考える態度は、「価値観の一つ」「個人の趣味」に過ぎないものとして受け止められるようになってしまった。

「心理学化する社会」のなかで本来ならば社会問題として広く議論されるべき問題を個人が抱え込んでしまい、問題が潜在するようになった。そして、個人化した社会問題をあくまで個人の内面において解消させるために、通俗心理学本やスピリチュアル本、占い本などが買い求められていくというスパイラルが加速する。

インターネットという新たな情報環境は、こうした状況に適合するものだったと言える。一九九五年の「ウィンドウズ95」の発売開始は、日本社会にインターネットを定着させる大きな一歩だった。以後、インターネットが普及する過程で、インターネットで人びとが社会問題や政治問題について意見を戦わせるようにもなった。

もとより、そうした議論の多くは匿名であることが多いため、「言いっぱなし」や、誹謗中傷を投げつけるだけに終わりやすい。また、大量の情報が行き来するため、発言者が過去の議論を踏まえていないことが多く、論点が深まると言うよりも、いつまでも同種の議論が繰り返される傾向がある（その意味では「平和」をめぐる論壇の議論も「十年一日」ではあるが）。さらに、同じ思想信条を持つ者が排他的に集合しやすいため、偏った言論が是正されずに他の情報とフラットに発信される。そして、それらの情報は常に「ネタ」に転化する可能性があり、それを熟知している発信者たちは、論争相手に勝つことを求めながらも、自尊心を損なわないように「本気」「必死」であることを厭う。したがって、インターネットは情報発信には向いているが、社会問題や政治問題を生産的に議論する場とは言い難いというのが現状だろう。ただし、同じ理由で、共通の趣味について語り合う仲間を見つけたり、趣味に関する情報を交換したりするのには非常に適している。こうして、社会問題は「趣味」を語るかのように消費されていく。

小林よしのりの『戦争論』が話題になったのは、インターネットが普及の途上にある時代だった。当時のインターネット上で「新しい歴史教科書をつくる会」や『戦争論』がどれほど話題になっていたのかはわからないが、二〇〇〇年代に「ネット右翼」として問題になった現象は、小林の『戦争論』が描いたようなマスコミや進歩的文化人への違和感と通底する部分は多い。社会問題が個人化する時代においては、論争に打ち勝ち、「この私」の実感を満たすことが最優先課題であるかにみえてしまう『戦争論』のスタイルが歓迎されたのだと言える。

世界同時多発テロとイラク戦争

二〇〇一年九月一一日、イスラム過激テロ組織「アルカイダ」の構成員たちが旅客機をハイジャックし、二機の旅客機が世界貿易センタービルに突っ込んだ。また、国防省にも一機が体当たり攻撃を行った。国連安保理では武力行使が認められ、NATOも集団的自衛権の発動を決定した。

このテロ事件は、従来の主権国家同士の戦争とは全く異なる「現代の戦争」を世界に印象付けた。その意味では、新たな「平和」観を構築し得る契機でもあったが、現実はそうは動かなかった。政治エリートとマス・メディアは、いつも通り対外的な「脅威」を煽り、国家による安全保障の強化を求める声が、日本でも強くなった。

湾岸戦争の際の「教訓」を活かした日本の対応は迅速だった。首相の小泉純一郎（一九四二〜）は、二〇〇一年一〇月二九日、「テロ対策特別措置法」を成立させた。これにより、自衛隊による米軍の後方支援が可能になり、アメリカ艦隊への補給活動が始まった。さらに二〇〇三年には、大量破壊兵器の保有を口実に、アメリカはフセインのイラクに対して戦争を仕掛けた。これに伴い、日本では、有事法制関連三法が成立。道路・空港・港湾などの交通インフラ、ガス・電気あるいは医療施設など生活インフラが、有事の際には米軍への後方支援のために協力を「強制」されることになった。歴史家の中村政則（一九三五〜二〇一五）は、有事法制関連三法について、「まさに戦争目的のために人的・物的資源の動員を認めた、国家総動員法の「再現」とも言える内容」と述べている。[12] そして、二〇〇四年一月からは、陸上自衛隊のサマワ派遣が開始され、「人道復興支援活動」に従事した。

こうした状況に対しては、全国各地で反対運動が起こり、違憲訴訟も始まった。日本の対米追従を批判する声が、保守派の知識人からも上がっていたが、ほとんど有効な歯止めにはならなかった。しかしながら、重要な問題提起がなされたことも事実である。反戦運動のなかから、権力を批判的に捉える新たな視座が生まれることもあった。ここでは、重要な問題提起の一例として、「非武装中立」の再注目を挙げておきたい。

この時期、「非武装中立論」に再び光を当てたのが、マンガ研究者で評論家の大塚英志（一九五八年〜）だった。大塚は、憲法の理念と向き合うことなく、「憲法は時代遅れだ」という雰囲気だけが社会に蔓延している状況に危機感を抱いた。「『自前の憲法』を創る気など「国民」にはなく、だから「考えなし」の改憲」に誰も異を唱えない」[13]。こうした状況に対して、大塚は一人ひとりが憲法の前文を書いてみる、という運動を展開し始めたのである。そして、憲法に照明を当てるこうした活動の延長として、社会党議員の石橋政嗣が一九八〇年に刊行した『非武装中立論』（日本社会党中央本部機関紙局、一九八〇年）を復刊したのである。大塚は、「非武装中立」という構想が、戦後社会にかつて存在した選択肢であったことを強調し、憲法九条の「理念」に「現実」をいかに近づけるかという「あたりまえの」思考を日本社会は失ったと述べる。

しかしながら、「対テロ戦争」としてのイラク戦争、そして自衛隊の非戦闘地域派遣に対して、当時の日本社会はそれを自分たちの問題として受け止めることができなかった。政治エリートや反戦運動の参加者たちを除けば、「自分たちが戦争をしている」という実感が、それほど強く意識されていたとは言えない。それは、五〇年代初頭の朝鮮戦争や六〇年代のベトナム戦争の受け止め方とは明らかに異なっていた。もはや社会構成員のほとんどが「戦争を知らない」のが当たり前になっていたが、語られる「戦争」のイメージと言えば、アジア・太平洋戦争に偏っていた。そうしたなかで、自分たちの生活が脅かされることのない海の向こうの戦争に、社会がリアリティを持てないというのは、ある意味では当然だったのかもしれない。戦争にリアリティが持てないという事態は、二〇〇五年に制作されたテレビドラマ版の『火垂るの墓』にも指摘できる。

格差社会の『火垂るの墓』

二〇〇五年に、三〇代と四〇代の男女を対象にした「あなたが最も泣ける映画ベスト5」というアンケートが行われた。[14]「泣ける映画」が数多く公開された二〇〇〇年代半ばの現象を「感涙ブーム」と呼び、その実態を探るためのアンケートである。

このアンケート調査の結果を見ると、女性の一位がスタジオジブリの『火垂るの墓』、二位は『タイタニック』（一九九七年）、三位は『世界の中心で、愛をさけぶ』（二〇〇四年）であった。

これに対して、男性の結果を見ると、二位に『火垂るの墓』が入っている。

このアンケートとその結果は、現代における戦争を語る枠組みの一つの典型を明瞭に示してもいた。ジブリの『火垂るの墓』は、まだまだ戦争体験者の多くが存命していた一九八〇年代に製作されたが、二〇〇〇年代になると、戦争による悲劇を「泣ける」ものとして回答することが可能になったのである。「泣ける」という言葉は、自らの体験や自分たちが立つ足場としての歴史性を問うことなく、戦争映画を他の恋愛映画などと同様に受容できてしまう世代に特有の言葉のようにみえてしまう。「癒やし」や「涙によるデトックス効果」を話題にしたアンケートで、『火垂るの墓』が支持されたという事実は、戦争が生んだ悲劇を、感動の物語として消費することができる時代の到来を示しているとも考えられる。

「泣ける映画ベスト5」のアンケートと同じ二〇〇五年には、『火垂るの墓』が「終戦六十年スペシャルドラマ」（日本テレビ）として放映された。演出を担当した演出家・ディレクターの佐藤東弥（一九五九～）は、日本テレビの『14才の母』（二〇〇六年）や『ハケンの品格』（二〇〇七年）などで、女性主人公を据えて社会問題を巧みにドラマ化する手腕が話題になっていた。このような佐藤の関心もあってか、テレビドラマ版『火垂るの墓』でも女性に焦点が当てられている。ただし、女性といっても、純粋無垢な犠牲者の節子ではなく、アニメ映画版でわかりやすい悪役として捉えられてきた親戚の「おばさん」である。

テレビドラマ版と小説やアニメとの相違点は、冒頭から明らかである。小説とアニメは、三宮駅で死に絶える清太の描写から始まっていたが、テレビドラマ版は二〇〇五年の「現代」から始まる。場面は斎場で、これから焼かれようとする棺に入っているのはあの「おばさん」だ。そして「おばさん」の娘が、自らの孫に向かって戦争について語り出すところから、物語は一九四五年の神戸に遡行してゆく。このように、ドラマの冒頭からして、親戚の「おばさん」への注目が促されているのである。

特に詳しく描かれるのは、「おばさん」の背景である。家族とともに東京から西宮に疎開した当初は、大工の夫もまだ出征しておらず、仲睦まじく暮らしていた。しかし、夫が出征し戦局の悪化に伴う配給の減少に直面すると、三人の娘と喘息《ぜんそく》持ちの息子、足が不自由な夫の弟との五人を抱えた生活は次第に苦しくなっていく。清太と節子を受け入れた当初は、まだしも楽しい生活を送ることができたが、生活が逼迫《ひっぱく》するにつれて、「おばさん」は清太と節子に冷たく当たり始める。

清太と節子の食料を減らし、その分を自分の子どもたちに与えるというエピソードや、夜に母を求めて泣く節子をなじる場面は、小説にもアニメ映画にもあるものだが、テレビドラマ版ではその背景にある生活難や、家族を持つ女性としての苦悩などが克明に描かれているため、単なる悪役としてではなく、苦悩を抱える一人の母親としての姿が描き出されていると言える。

なぜそれほど清太と節子に冷たく当たるのかと娘に問いただされると、「おばさん」は覚悟を決めるかのように「きれいごとでは生きていけないのよ。誇りや意地でご飯は食べられないの」と返すのである。

ここで強調されているのは、自分と自分の家族を守るためには、清太と節子を見殺しにせざるを得なかったという自責感である。生き残るための強さは、他者の切り捨てと表裏一体であり、それによる罪悪感を描いているという点では、野坂昭如の原作小説にあった生き残りの「うしろめたさ」を、別様に表現していると言える。言い換えれば、結果的に兄妹二人だけの話に収斂させてしまったアニメ映画に対し、テレビドラマは、銃後生活における他者の切り捨てという問題に踏み込んだのだった。

「貧困」と「ネット右翼」の社会問題化

では、前述したような、自らと家族の生存のために他者を切り捨てざるを得なかったという物語は、二〇〇〇年代の日本社会においてどのような位置にあったのだろうか。

こうした問題がテレビドラマ版『火垂るの墓』でせり出してきた背景として、若者たちの生活苦や社会的孤立を中心に、「貧困」が社会問題化していたことが挙げられるだろう。この時期は、「ロスト・ジェネレーション」と呼ばれた人びとの存在が注目されていた。「ロスト・ジェネレーション」とは、一九九〇年代の就職氷河期に大学を卒業した後、非正規雇用の職を短期間で変えていかざるを得ず、それゆえ不安定な経済状況に置かれた人びとを指す。長期的な不況と労働市場の自由化を進めた政策が重なり、その負の側面として、その日暮らしの生活を余儀なくされている人びと、経済的な理由で未来に展望を持てない人びとに関心が集まったのである。「格差」という言葉が取りざたされたのも、同時期である。

二〇〇六年七月、NHKが『ワーキングプア：働いても働いても豊かになれない』を放映し、二〇〇七年には、社会運動家の湯浅誠（一九六九～）が「半貧困ネットワーク」を立ち上げた。日本は「豊かな社会」だという認識が、「貧困」の社会化を遅らせていたということも、徐々に認識されるようになった。二〇〇八年の年末からは湯浅らを中心に多様な運動体が東京の日比谷公園に「年越し派遣村」を開設し、炊き出しや生活保護申請の援助などの支援活動を行った。また、ライターの赤木智弘（一九七五～）は、論考『「丸山眞男」をひっぱたきたい：31歳、フリーター。希望は、戦争。」（『論座』二〇〇七年一月号）のなかで、「平和」な社会のなかで固定化された経済格差をリセットするには戦争しかないと述べ、「ロスト・ジェネレーション」世代の怒りと叫びを表現していると話題になっていた。

こうした一連の出来事が示したのは、「貧困」や「ワーキングプア」が、単に当人の価値観や人生設計の問題なのではなく、この社会の問題だということだった。イラク戦争後の日本社会は、戦争がないという意味では「平和」かもしれないが、貧困や経済格差を「自己責任」として放置する社会は「おだやかに、やわらぐ」という状態ではないため、やはり「平和」という言葉は当てはまらない。

このような社会状況を考慮に入れれば、物資不足による「貧困」と他者の切り捨てを描いたテレビドラマ版『火垂るの墓』は、同時代の社会問題をうまく取り込んで物語を再構成することに成功していたと評価できる。戦争中の物資不足と配給制による生活難と、現代の労働環境下における「貧困」とでは歴史的背景が異なるが、生活苦という点で強い親和性があるからである。このことは裏を返せば、もはや「貧困」といった状況を設定し、視聴者の共感を獲得することによってしか、戦時期の銃後生活への感情移入が困難になっていることを示してもいた。

二〇〇〇年代以降の日本社会において「平和」を阻害したのは、「貧困」だけではなかった。ここでは、民族差別と排外主義にも触れねばならない。

一九九〇年代半ば以降、インターネットという新たな言論の場が定着するなかで、看過できない言葉の渦が、次第に大きくなっていた。匿名掲示板やブログにおいて、民族差別や排外主義的言説が日常的なものになったのである。二〇〇二年に開催されたサッカー日韓W杯の際には、若者が何のためらいもなく「ニッポン」を連呼する姿に、「ナショナリズム」の発露を見出して危惧する言説も登場したが、社会の水面下で進行する排外主義には、ほとんど注意が払われていなかった。

状況が変わったのは、二〇〇〇年代半ば以降である。二〇〇五年にはマンガ『嫌韓流』（晋遊舎）が発行され、それまではインターネット上にとどまっていた民族差別や排外主義が、書店空間でも次第に可視化されるなか、二〇〇六年には「在日特権を許さない市民の会」が設立される。この集団は、朝鮮学校周辺や在日コリアンの居住地域でデモを行い、聞くに堪えない差別的な言葉で在日コリアンを罵るようになった。

こうした「ヘイト・スピーチ」は、保守と革新、「右翼」と「左翼」という対立軸では整理できない問題だった。従来の論壇では掬《すく》いきれない言論、従来の運動では回収できない運動が、確実にその影響力を増し始めていた。

東日本大震災と原発問題の政治的争点化

二〇〇九年八月に行われた衆議院選挙は、民主党の大勝に終わった。民主党は四八〇の議席のうち三〇八議席を獲得、自民党は一一九議席にとどまった。これにより民主党の鳩山由紀夫政権が誕生した。鳩山は、沖縄の普天間基地の移設先は「最低でも県外」と述べたが、これは実現しなかった。また、「東アジア共同体」という理念を掲げたが、これも実現しなかった。鳩山の失敗は、「あまりにビジョンに囚われすぎた」と評価されることもある。[15]体制的安全保障の桎梏から解かれた「平和」的ビジョンを受け止める余地が、政治エリートにも国民にもなかったということだろう。そして、退陣した鳩山の後を継いだ菅直人（一九四六～）政権下で、日本は東日本大震災を経験する。

二〇一一年三月一一日一四時四六分、マグニチュード九・〇の巨大震災が発生した。一三メートルの津波が東北の太平洋側の海岸を襲い、福島第一原発の一・二・三号機の電源が喪失した。翌一二日の午後には、一号機の原子炉建屋で水素爆発が起こり、二号機と四号機も相次いで爆発、建屋が損壊した。これにより、大量の放射線と放射性物質が飛散。また、原子炉に冷却水を送るポンプが動かず、核燃料が圧力容器の底に落下。そして、核燃料の一部は圧力容器を突き抜けたとされる。

朝日新聞社が東日本大震災から半年後の二〇一一年九月に実施した世論調査は、原発を段階的に減らし、将来は稼動数をゼロにすることに賛成する人の割合が、七七％にも達したと伝えた。また、同じく九月の読売新聞社の調査でも「原発を減らすべき」と「全廃」と答えた人の割合を合わせると七〇％になった。さらに、毎日新聞社の同じく九月の調査でも、「危険性の高いものから運転を停止し、少しずつ数を減らす」が六〇％、「できるだけ早くすべて停止する」

が一二％と同様の結果が出ている。

自分たちや子孫の生命を脅かしかねないものとして原発を捉える認識が広まり、抗議行動が活性化した。しかし、二〇一二年末の総選挙では、他の政党が「脱原発」を掲げるなか、自民党もまた「原発依存からの脱却」を掲げて一応足並みを揃えることで、原発問題を選挙の争点に据えることを避けた。経済問題を前面に押し出した自民党は大勝し、安倍晋三（一九五四〜）の第二次政権が成立した。

透明のインクで書かれた「平和」

第二次安倍内閣が掲げたのが「積極的平和主義」だった。「平和」の語の多用は、自民党政権の特徴だが、それがまた繰り返されたのである。「積極的平和主義」とは、結果的に、日本の安全保障に課された法的制約を取り除き、集団的自衛権の行使容認に踏み切ることで、「脅威」に対する抑止力を高めることを意味していた。

二〇一四年七月、安倍政権は閣議決定を行い、集団的自衛権の行使は憲法に違反しないとした。それまで、集団的自衛権の行使は、憲法九条に違反するものだというのが政府見解だったが、これを覆したのである。この閣議決定を前提に、二〇一五年四月には、「日米防衛協力のための指針（ガイドライン）」を改定した。改定により、日米協力の範囲は、「アジア太平洋地域及びこれを越えた地域」になり、自衛隊による米軍の後方支援の範囲が世界中に拡大した。米軍と自衛隊の「緊密な連携」が可能になったのである。

集団的自衛権に関する憲法解釈の変更は安倍政権下で突然起こったわけではない。すでに一九九〇年代から、アメリカは東アジアにおける有事の際に日本がより積極的な役割を果たすように求めており、一九九六年には日米同盟の強化のために「日米安全保障共同宣言」が署名されていた。さらに九九年には「周辺事態に際して我が国の平和及び安全を確保するための措置に関する法律」（周辺事態法）が成立した。「周辺事態」や「後方支援」の定義があいまいな周辺事態法の成立と、二〇〇〇年代に入ってからの小泉政権下での日米同盟の強化により、自衛隊をめぐる法制度は再編成された。このように、自衛隊が米軍の一部として「グローバル」な活動を行うための下地づくりは、九〇年代以降着々と進められていたのである。

憲法解釈を変更した安倍政権は、集団的自衛権が行使できるよう、法制度の整備に取り掛かった。安保関連法案の柱は、現行の法律の改正案一〇件からなる「平和安全法制整備法案」と恒久法「国際平和支援法案」新設の二本だった。これらの法案に「平和」という言葉が入っていることに、違和感を覚えた人はどの程度いたのだろうか。あるいは、違和感を口に出すことに疲れてしまったのだろうか。政府が使う「平和」という言葉は、透明のインクで書かれたかのように、目に見えず、意識もされなくなったのではないか。この事態は、誰も政府の「平和」をまともに受け止めなくなったということを示しているのだろうか。もしくは、「平和」の価値が誰からも顧みられなくなったことを示しているのだろうか。

安倍政権は「存立危機事態」に際して自衛隊の出動が可能になるよう、法律を整備した。「存立危機事態」とは、「我が国と密接な関係にある他国に対する武力攻撃が発生し、これにより我が国の存立が脅かされ、国民の生命、自由及び幸福追求の権利が根底から覆される明白な危険がある事態」を指す。つまり、「存立危機事態」に際しての自衛隊出動とは、集団的自衛権の行使に他ならない。

いったいなぜこのタイミングで、集団的自衛権が行使できるように法制度を変える必要があったのか。総理官邸のＨＰ『なぜ』、『いま』平和安全法制か?」は、「最近のわが国周辺の安全保障関連事象」として、東アジアの地図を掲げ、そこに「脅威」を次のように書き込んで説明している。

日本の北側には「ロシア軍の活動の活発化」。朝鮮半島の北側には「北朝鮮による軍事的な挑発行為や挑発的言動」「北朝鮮による核・ミサイル開発の進展」。中国大陸には「中国による軍事力の広範かつ急速な強化」「中国による東シナ海における活動の急速な拡大・活発化」。台湾には「中台軍事バランスの変化（中国側に有利な方向に）」。南シナ海には「中国による南シナ海における活動の急速な拡大・活発化」。太平洋には「中国軍による太平洋への進出の常態化」「グレーゾーンの事態の増加・長期化傾向」。そして、集団的自衛権は、こうした「脅威」に対する抑止力になると述べている。

こうした説明は、政治家や専門家も口にするが、昔ながらの「○○脅威論」の域を出ていない。危機を煽り立てようという努力は伝わるが、それをいくら並べたてたところで、集団的自衛権行使の理由にはならない。なぜなら、昔からそのような危機が喧伝されてきたが、そのときは日本政府は集団的自衛権行使を違憲としてきたからである。

国会では、何が「存立危機」にあたるのかをめぐって激しい論戦が起こったが、最終的には内閣が「総合的に存立危機を判断する」という答えだった。こうして、二〇一五年九月一九日、「平和安全法制」関連法が成立した。

「守る」運動と「リベラル」

二〇一五年の夏から秋にかけて「平和安全法制」への反対運動が盛り上がった。この背景には、二〇〇〇年代のイラク戦争反対デモや半貧困デモ、さらには二〇一一年三月一一日以降の脱原発を求める社会運動の高まりがあった。

「平和安全法制」への反対運動の高揚には、SEALDs（自由と民主主義のための学生緊急行動）の存在も影響していた。現代の学生が、スマートフォンを片手にスピーチし、ヒップホップのリズムに乗せてコールする姿が人びとの関心を引き付けたのである。SEALDsとは、「平和安全法制」に反対する首都圏の学生による団体であり、運動は大阪や名古屋などにも広がった。

そもそも、SEALDsは、特定秘密保護法に反対していた学生団体だった。その学生団体が、同法成立後の二〇一五年五月にSEALDsとして衣替えしたのである。SEALDsの中心メンバーの一人、奥田愛基（一九九二〜）は、デモで行われる従来型のシュプレヒコールに違和感を持ち、自分たちは日常感覚を大事にしたいと思ったとして、次のように述べている。

日常って感覚は、とても大事。おしゃれを気にしながら国会前に行ったっていい。ディズニーランドも行って、海も行って、国会前にも行けばいい。日常がある上で抗議すべきときは抗議するってことに意味があるんです。「おまえこれ知ってるのか。この本読んだか」と言われ続けて、結果「学生の分際で」「主婦が何だ」と分断されてきた。じゃあいったい誰が意見を言えるんですか。この国は民主主義国家だから、学生も主婦もフリーターも考えたっていいし言ったっていい。

それに日常のすべてのものはデザインされてますよね。デパ地下で白黒のチラシ渡されないでしょ？「見た目より中身が大事」と言う人もいるけど、伝える努力はちゃんとした方がいい。むしろ今まで伝える努力を怠ってきた感じがするんです。[16]

このように、SEALDsの若者たちは従来の社会運動に違和感を持ち、日常感覚を重視した運動を立ち上げた。この運動の特徴は、自分たちがどのように見られるか、また自分たちをどのように見せれば良いか、という点に自覚的だったという点だ。「おしゃれを気にしながら」、「デザイン」、「伝える努力」などの言葉からは、一種のメディア感覚を見て取ることができる。加えて、「日常感覚」という言葉が示すように、社会運動の文法に自分たちを合わせるのではなく、自分たちに合うやり方で意思表示をしたいという意識が強い。そのため、従来の市民団体や政党主導の平和団体などとは異なる方法で反対の意思をアピールすることができた。

SEALDsを含む反対運動の旗印は、「立憲主義を守れ」「民主主義を守れ」というものだった。集団的自衛権の行使容認への憲法解釈を変えた安倍政権の政治姿勢への違和感として、「立憲主義を守れ」「民主主義を守れ」という言葉が人びとの心をとらえたのである。その意味では、六〇年安保闘争を彷彿とさせる部分があったが、六〇年安保闘争時と異なり、首相を退陣させるまでには至らなかった。「戦争に巻き込まれる」という言葉よりも、「民主主義を守れ」という言葉のほうが、よりリアリティがあったのだと言えるだろう。

集団的自衛権の行使容認に関する議論が盛り上がった二〇一五年から、安倍政権への対抗言説をまとめる言葉として「リベラル」という呼称が頻繁に使われるようになった。そもそも「リベラル」という言葉が定着し始めたのは、一九九〇年代の議会政治の場だった。一九九三年、改憲に消極的な自民党の「ハト派」と呼ばれた人びとが、社会党の若手議員とともに「リベラル政権を創る会」という勉強会を立ち上げ、「リベラル」を自称し始めた。つまり、日本の論壇用語としての「リベラル」は、保守のなかの革新寄り、あるいは革新のなかの保守寄りの人びとを指す言葉として定着し始めたと言えるだろう。ただし、「リベラル」という言葉もまた、言論状況を整理するための用語であり、あくまで相対的なものに過ぎない。

アメリカでは、「コンサバ（保守）」と「リベラル」という用語で政治・社会の対立軸を説明するのが一般的である。「コンサバ」が相対的に自由主義的経済を重視し、政府の介入の少ない社会を志向するのに対し、「リベラル」は平等志向であり、格差や不平等の是正のために政府が介入すべきだと考える。「コンサバ」と「リベラル」の対立は、「小さな政府」対「大きな政府」という対立軸だと言い換えることもできる。[17]

しかし、近年の日本社会で使用される「リベラル」という言葉は、アメリカ的な使用法とも微妙に異なっている。二〇一〇年代に入ると、資本主義を批判する左翼とは異なるが、安倍自民党には反対する論者が「リベラル」と呼ばれたり、自称したりするようになった。

いずれにせよ、一九九〇年代に日本社会がほとんど「総保守化」して以降、従来のような防衛問題をめぐる明確な対立軸はよりいっそう見出しにくくなった。ただし、論壇を形成する新聞・雑誌といったオールドメディアでは、従来の対立軸が残存しており、その対立軸の「左側」を「リベラル」と呼び習わし始めているというのが現状だろう。それでも、一種の「反安倍統一戦線」として「リベラル」という呼び名が定着し、九〇年代以来ほとんど機能していなかった明確な対立軸ができつつある。しかし、この対立軸のなかから、憲法九条と日米安保と自衛隊による「平和」とは異なる「平和」が構想されるのかどうか、それはまだわからない。さらに、こうした対立軸が何を取りこぼしてしまったのか、その渦中にいる私たちは、はっきりと見通すことができていない。

偏在する「戦争」

近年、現代社会は若者にとって「戦争状態」だという理解が語られるようになった。バイトが忙しく、学業どころではない。就職活動は厳しいが、ようやく社員になってもやりがいは見出しがたく、下手をすれば「ブラック企業」につぶされる。排外主義が横行し、同調圧力のなかで「空気を読んで」生きねばならない。そして気が付けば「一億総活躍社会」の駒として動員される。こうした例を身近に見聞きすることが常態となり、そのうちのいくつかがメディアによって「社会問題化」され、それがまた新たな「空気」を生む――。

おそらくはこうした状況を踏まえてのことだろう、小説家の高橋源一郎は「理不尽な暴力を権力やシステムが押し付けてくるものが戦争だとするならば、もしかしたらこの社会にとって戦争というものは常に存在しているものかもしれない」と述べる。そして、「あの戦争よりも、この身近な『戦争』をなくすことで、足元にまともな社会をつくろうとする。そこから平和を考えはじめるのでもいいんじゃないか」と提案するのである[18]。

確かに、戦後七一年が経ち、戦争を直接体験した者はほとんどいなくなった。そのような状況で、アジア・太平洋戦争を前提とした「反戦平和」は、思想としてはあり得ても、人びとのリアリティに訴えかけることは困難だ。ではどうすれば良いのか。

第四章で述べたテレビドラマ版『火垂るの墓』のように、アジア・太平洋戦争という「総力戦」下の息苦しさを、現代に重ねるという方法もある。加えて、高橋が提起したように、身近な『戦争』に着目するという方法もあり得るだろう。身近な『戦争』をなくすことから「平和」を考えるという態度は、第三章で隠したように、ガルトゥングが提起した「積極的平和」概念にも適う。また、第一章で指摘したような、「生活保守主義」的な反戦感情、あるいは厭戦感情による「平和」への希求を再起動することも可能かもしれない。

そして、何より、現代社会のなかに『戦争』を見出すという方法には、戦後日本人が一貫して抱いてきた「戦争＝アジア・太平洋戦争＝総力戦」という固定観念を更新する可能性がある。それは、冷戦後の世界で起こる紛争や、二〇〇一年の世界同時多発テロ以降の世界で進行するテロの暴力に向き合う態度を練り上げていくだろう。

記憶の風化から始める

他方で、敗戦から月日が経ったからこそ、あえて徹底してアジア・太平洋戦争にこだわる方法も深められている。

小林よしのり『卑怯者の島』（小学館、二〇一五年）は、現在はパラオ領のペリリュー島における旧日本軍と米軍の戦闘から着想を得たフィクションだ。このマンガには「英雄」はいない。兵士たちも銃後の人びとも皆、ある意味では「卑怯者」として描かれている。部下には突撃を命令しながら同じ部隊にいる弟を守ろうとする者、どうしても果敢に突撃できない者、味方の食料を盗む者、捕虜となり生き残った者、戦後の価値観にうまく合わせて過去を簡単に忘れ去る者、彼ら・彼女らの姿が克明に描かれている。

前述したように、小林は九〇年代に『戦争論』を上梓し、戦争を賛美していると非難されるとともに、保守論壇の寵児となった。その後も自前の軍備を持つための改憲を主張するなどの言論活動を続け、二〇〇二年には自身が編集する季刊のムック本『わしズム』を幻冬舎から刊行するなどの活動も目立った。小林よしのりは、九〇年代から二〇〇〇年代にかけて、最も影響力のある「保守系メディア知識人」の一人だったと言えるだろう。しかし、二〇一五年の『卑怯者の島』は、単純な好戦マンガでも反戦マンガでもなく、悲惨な戦闘のなかの人間を緻密に描き、主人公の内面に分け入る戦争マンガになっている。戦争の単純な美化ではなく、ただ「あの戦争」を現代の読者に追体験させることを狙っているのだろう。

同様の意図は、映画監督の塚本晋也（一九六〇〜）による『野火』（二〇一五年）にも当てはまる。大岡昇平の小説『野火』を原作に、美しいフィリピンの自然のなかを日本兵たちがボロボロになって彷徨し、住民を殺し、あるいは戦闘で死に絶え、果ては人肉食に至る過程を撮った。この作品を自費を投じて製作した塚本は、演出の意図を次のように語る。

肉が裂け、ウジがわき、内臓が飛び出し、手足が千切れ、脳みそが砕け散る。大岡昇平さんの原作にできるだけ忠実に、『肉体の死』を容赦なく、叫ぶように描きました。大義もヒロイズムもない戦争の悲惨さや痛みを、理屈ではなく身体で感じてほしかったからです。そしてできれば、感じたことの内側にさらに深く踏み込んで、自分の頭で考え続けてほしい。[19]

過激なまでの戦闘場面を観客に突き付ける『野火』もまた『卑怯者の島』と同様、「反戦」でも「好戦」でもなく、ただただ「あの戦争」の追体験を迫っている。

本書が確認したように、「平和」という言葉は空洞化し、いまやほとんど公式の場でしか使われなくなった。空洞化した場所には、誰かの悪意や誰かの口当たりの良い言葉、誰かの納得しやすい言葉が入り込みやすい。しかし、お仕着せの方法で語られた「平和」では、どれだけ紙幅を費やしてもその空洞を埋めることはできない。空になった器は、脆くて壊れやすい。戦後七〇年に登場したマンガ『卑怯者の島』と映画『野火』は、抜け殻の「平和」に自分たちで意味を充填するための手がかりを提供してくれている。こうした表現を手がかりに、日本の「平和」のあいまいさを直視することから、これからの議論を始めたい。

1 『湾岸戦争』の対日批判に欧米で反論投書」『読売新聞』一九九一年二月一〇日、二頁。
2 社説『読売新聞』一九九一年一月二六日。
3 『日本改造計画』の評価については、安丸良夫「現代の思想状況」(『岩波講座 日本通史 第21巻：現代2』岩波書店、二〇〇一年、三二八‐三三一頁)を参照。
4 坂本義和『坂本義和集3：戦後外交の原点』岩波書店、二〇〇四年、xi頁。
5 道場親信『占領と平和』青土社、二〇〇五年、一四七‐一四八頁。
6 櫻澤誠『沖縄現代史：米国統治、本土復帰から「オール沖縄」まで』中央公論新社、二〇一五年、一六八頁。
7 石川真澄・山口二郎『戦後政治史 第三版』岩波書店、二〇一〇年、一八五頁。
8 吉田裕『現代歴史学と戦争責任』青木書店、一九九七年、二三二頁。
9 西部邁『白昼への意志：現代民主政治論』中央公論社、一九九一年、一九五頁。
10 小林よしのり『新・ゴーマニズム宣言SPECIAL戦争論』幻冬舎、一九九八年、七‐九頁。
11 斎藤環『心理学化する社会：なぜ、トラウマと癒しが求められるのか』(PHPエディターズ・グループ、二〇〇三年)と、宇野重規『〈私〉時代のデモクラシー』(岩波書店、二〇一〇年)を参照。
12 中村政則『戦後史』岩波書店、二〇〇五年、二六〇頁。
13 大塚英志「復刊によせて」石橋政嗣『非武装中立論』明石書店、二〇〇六年、一六頁。
14 「涙の数だけ幸せになれる 仕事に生かし、がん抑制にも」『AERA』二〇〇五年一〇月一七日号、四二頁。
15 添谷芳秀『安全保障を問いなおす：「九条‐安保体制」を越えて』NHK出版、二〇一六年、一八七頁。
16 吉野太一郎「【安保法案】SEALDs・奥田愛基さん『民主主義って何だ？問い続ける』(インタビュー)」http://www.huffingtonpost.jp/2015/08/24/sealds-okuda-interview_n_8030550.html
17 蒲島郁夫・竹中佳彦『イデオロギー：現代政治学叢書8』東京大学出版会、二〇一二年、四〇‐四五頁。

18　「平和のすがた　戦後70年　第六部」『朝日新聞』二〇一五年八月一九日、三頁。

19　「戦争するということ　この夏、「野火」を公開した映画監督・塚本晋也さん」『朝日新聞』二〇一五年九月一七日、一三頁。

おわりに

筆者はこれまで、広島と長崎に投下された原子爆弾が戦後日本の思想や文化にどのような影響を与えたのか、研究してきた。戦後日本の「平和」意識の根幹に原爆があるため、原爆についていろいろと調べていると、かなりの頻度で「平和」という言葉を目にすることになった。特に、一九五〇年代から六〇年代、「平和」を肯定する言葉にも否定する言葉にも活気があった様子に触れることで、「平和」という言葉自体に関心を持つようになった。自分の体験としては、いわゆる「平和教育」の現場以外で、「平和」という言葉を見聞きしたことがほとんどなかったからだ。「平和」が熱かった時代と、自分が生きてきた時代とで、何が違うのか。そこで、まず、自分の実感に基づいて次のようなことを思った。

理念としての「平和」は残っていても、その理念を「平和」と呼ぶことに何となく躊躇いがある。もしかすると、言葉としての「平和」は「賞味期限」が切れたのではないか。にもかかわらず、真剣な顔で「平和」を口にすれば、とりあえずは何か善いことを言ったことにはなってしまう。しかし同時に、その「何か」を煎じ詰めることはしなくても済むような雰囲気も醸成されてしまう。「平和」は、分析したり論じたりするのではなく、祈ったり願ったりするものとしてのみ残っているのではないか。だから、「戦後日本が『平和』であったことなど一度でもあったのか」というような根本的な疑問は、口にしにくい。こうして、自分は「平和」という言葉を使わなくなっていったのだろう——そう思った。

では、これは、自分の思い込みなのか、そうではないのか。調べて、読んで、歴史を遡ってみようとしたのが本書である。

空洞化した「平和」に実践的思想を充填しようという努力はいまも継続中だが、あえて「平和」という言葉を使う人は少ない。そこには、「平和」と対になって語られてきた戦争について、明確なイメージを持ちにくいという問題もあるのだろう。かつて、「平和」と「戦争」は、立場の異なる人びとが議論を戦わせる共通の場だった。それが、戦争の記憶の風化に加え、対テロ戦争に象徴されるように戦争そのものが変質するなかで、「平和」と「戦争」という言葉が、機能不全を起こしている。「平和」と「戦争」の語り方をどのように更新していくことが可能なのか、本書ではそのヒントを過去に探ってみた。

「平和」という言葉はあいまいだが、それゆえ誰もが議論に参加するための資格を有している。それはいまも昔も変わらないはずだ。本書を手に取ってくださった方が、本書を読んだ後に、誰かと「平和」を論じる機会を持ってくださることを、筆者は願っている。そうした対話を通してしか、自らの思い込みや偏見を解きほぐすことはできない。自分なりの「平和」概念を磨くことで、他者との共通点を自覚し合うような試みが、少しでも活性化してほしい。「教養」とは単に知識をため込むことではない。戦後日本の様ざまな「平和」の様態を踏まえ、しかしそれに過度にとらわれることなく議論を続けて自分も相手もより良く変わっていく。そうした態度を「教養」と呼びたい。

本書に関する着想は、何度か大学の講義で話して、学生たちの感想をきかせてもらった。学生たちのコメントは、私が「常識」だと思っていた前提を揺さぶってくれた。対話の機会を与えてくれた神戸市外国語大学・関西大学・立命館大学・神戸大学の学生たちにお礼を言いたい。また、すばらしい研究環境を整えてくださった神戸市外国語大学の外国語研究所のみなさま、学術情報センターのみなさまにも感謝申し上げます。

編集を担当していただいた藁谷浩一さんと最初に話したのは心斎橋の居酒屋だったと記憶しているが、ようやく約束を果たすことができた。いつも的確なアドバイスを下さる藁谷さんがいなければ、本書は成立しなかった。最後に、帯に推薦の言葉を下さった中島岳志さんと開沼博さん、ありがとうございました。

■参考文献

・五十嵐武士『戦後日米関係の形成』講談社、一九九五年
・石川真澄・山口二郎『戦後政治史　第三版』岩波書店、二〇一〇年
・石田雄『平和の政治学』岩波書店、一九六八年
――『日本の政治と言葉 下』東京大学出版会、一九八九年
・石橋政嗣『非武装中立論』日本社会党中央本部機関紙局、一九八〇年
・一ノ瀬俊也『戦艦大和講義：私たちにとって太平洋戦争とは何か』人文書院、二〇一五年
・稲木哲郎「世論調査にみる戦後日本の平和意識（その2）」『東洋大学社会学研究所年報』二二号、一九八九年
・色川大吉『色川大吉時評論集：新世紀なれど光は見えず』日本経済評論社、二〇一四年
・宇野重規『〈私〉時代のデモクラシー』岩波書店、二〇一〇年
・大井赤亥・大園誠・神子島健・和田悠『戦後思想の再審判：丸山眞男から柄谷行人』法律文化社、二〇一五年
・大嶽秀夫『高度成長期の政治学』東京大学出版会、一九九九年
・大嶽秀夫『日本政治の対立軸：九三年以降の政界再編の中で』中央公論新社、一九九九年
・大嶽秀夫『再軍備とナショナリズム：戦後日本の防衛観』講談社、二〇〇五年
・小熊英二『〈民主〉と〈愛国〉：戦後日本のナショナリズムと公共性』新曜社、二〇〇二年
――『社会を変えるには』講談社、二〇一二年
・小熊英二・上野陽子『〈癒し〉のナショナリズム：草の根保守運動の実証研究』慶應義塾大学出版、二〇〇三年
・蒲島郁夫・竹中佳彦『イデオロギー　現代政治学叢書8』東京大学出版会、二〇一二年
・鹿野政直「一九七〇－九〇年代の日本：経済大国」『岩波講座　日本通史　第21巻　現代2』岩波書店、一九九五年
・北田暁大『嗤う日本の「ナショナリズム」』日本放送出版協会、二〇〇四年
・国民講座日本の安全保障編集委員会編『国民講座・日本の安全保障（4）安全保障と日米関係』原書房、一九六八年
・古関彰一「憲法九条意識の基本構造」『法律時報』一九八一年、一一月号。
――『日本国憲法・検証　一九四五－二〇〇〇　資料と論点　第五巻　九条と安全保障』小学館、二〇〇一年
・斎藤環『心理学化する社会：なぜトラウマと癒しが求められるのか』PHPエディターズ・グループ、二〇〇三年
・坂本多加雄『知識人：大正・昭和精神史断章』読売新聞社、一九九六年

・坂本義和『軍縮の政治学』岩波新書、一九八二年
――『坂本義和集3　戦後外交の原点』岩波書店、二〇〇四年
・櫻澤誠『沖縄現代史：米国統治、本土復帰から「オール沖縄」まで』中央公論新社、二〇一五年
・添谷芳秀「戦後日本外交史：自立をめぐる葛藤」日本国際政治学会編、李鍾元・田中孝彦・細谷雄一責任編集『日本の国際政治学』有斐閣、二〇〇九年
・高畠通敏「戦後民主主義とは何だったか」中村政則・天川晃・尹健次・五十嵐武士『戦後日本　占領と戦後改革　第4巻　戦後民主主義』岩波書店、一九九五年
・高橋進・中村研一「戦後日本の平和論：一つの位相の分析」『世界』一九七八年六月号
――『安全保障を問いなおす：「九条－安保体制」を越えて』NHK出版、二〇一六年
・田中明彦『安全保障：戦後50年の模索』読売新聞社、一九九七年
・田中伸尚『憲法九条の戦後史』岩波書店、二〇〇五年
・田畑忍編著『近現代日本の平和思想：平和憲法の思想的源流と発展』ミネルヴァ書房、一九九三年
・土山實男「国際政治理論から見た日本のリアリスト：永井陽之助、高坂正堯、そして若泉敬」『国際政治』二〇一三年一七二号
・鶴見俊輔編『戦後日本思想大系4　平和の思想』筑摩書房、一九六八年
・永井陽之助『平和の代償』中央公論新社、二〇一二年
・中島岳志『「リベラル保守」宣言』新潮社、二〇一三年
・西川長夫・大野光明・番匠健一編『戦後史再考：「歴史の裂け目」をとらえる』平凡社、二〇一四年
・原彬久『戦後史のなかの日本社会党』中央公論新社、二〇〇〇年
・福永文夫「保守支配体制の構造と展開」『岩波講座　日本歴史　第19巻　近現代5』岩波書店、二〇一五年
・福間良明『「反戦」のメディア史』世界思想社、二〇〇六年
――『戦争体験の戦後史』中央公論新社
――『焦土の記憶　沖縄・広島・長崎に映る戦後』新曜社、二〇一一年
・ベトナムに平和を！市民連合編『資料・「ベ平連」運動　上巻』河出書房新社、一九七四年
・松本健一『日本の失敗：「第二の開国」と「大東亜戦争」』岩波現代文庫、二〇〇六年
・松元雅和『平和主義とは何か：政治哲学で考える戦争と平和』中央公論新社、二〇一三年
・道場親信『〈占領〉と〈平和〉』二〇〇五年、青土社

――「戦後日本の社会運動」『岩波講座　日本歴史　第19巻　近現代5』岩波書店、二〇一五年
・村田晃嗣「リアリズム：その日本的特徴」日本国際政治学会編『日本の国際政治学　第1巻　学としての国際政治』有斐閣、二〇〇九年
・田中明彦『安全保障：戦後五〇年の模索』読売新聞社、一九九七年
・田中伸尚『憲法九条の戦後史』岩波書店、二〇〇五年
・中北浩爾『自民党政治の変容』NHK出版、二〇一四年
・日本国際政治学会編『日本の国際政治学　第4巻　歴史の中の国際政治』有斐閣、二〇〇九年
・安田常雄編『シリーズ戦後日本社会の歴史1　変わる社会、変わる人びと：20世紀のなかの戦後日本』岩波書店、二〇一二年
――『シリーズ戦後日本社会の歴史2　社会を消費する人びと：大衆消費社会の編成と変容』岩波書店、二〇一三年
・安丸良夫「現代の思想状況」『岩波講座　日本通史　第21巻：現代2』岩波書店、一九九五年
・山口二郎「戦後平和論の遺産」『世界』一九九三年一月号
・山本昭宏『核エネルギー言説の戦後史1945〜1960：「被爆の記憶」と「原子力の夢」』人文書院、二〇一二年
――『核と日本人：ヒロシマ・ゴジラ・フクシマ』中央公論新社、二〇一五年
――「〈平和の象徴〉になった特攻：一九八〇年代の知覧町における観光と平和」福間良明・山口誠編『「知覧」の誕生：特攻の記憶はいかに創られてきたのか』柏書房、二〇一五年
――「反・核兵器から反・原発へ：「私たち」による「かっこいい」運動」斎藤美奈子・成田龍一編『1980年代』河出書房新社、二〇一六年
・吉川勇一編『コメンタール戦後50年④　反戦平和の思想と運動』社会評論社、一九九五年
・吉田裕『現代歴史学と戦争責任』青木書店、一九九七年
・吉見俊哉『カルチュアル・ターン、文化の政治学へ』人文書院、二〇〇三年
・和田進・渡辺治『講座　戦争と現代5　平和秩序形成の課題』大月書店、二〇〇四年
・渡辺治『「豊かな社会」日本の構造』労働旬報社、一九九〇年
――『憲法「改正」の争点：資料で読む改憲論の歴史』旬報社、二〇〇二年

教養《きょうよう》としての戦後《せんご》〈平和論《へいわろん》〉

二〇一六年八月十五日　初版第一刷発行

著者　山本昭宏

発行人　木村健一

編集　藁谷浩一

発行所　株式会社イースト・プレス
〒一〇一-〇〇五一
東京都千代田区神田神保町二-四-七　久月神田ビル
電話：〇三-五二一三-四七〇〇
ファクス：〇三-五二一三-四七〇一
http://www.eastpress.co.jp

装丁・本文設計　トサカデザイン（戸倉巌、小酒保子）

ＤＴＰ　臼田彩穂

印刷所　中央精版印刷株式会社

ISBN978-4-7816-1464-9